ubu

NADYA TOLOKONNIKOVA

UM GUIA

PUSSY RIOT

PARA O ATIVISMO

TRADUÇÃO
JAMILLE PINHEIRO DIAS
BRENO LONGHI

ILUSTRAÇÕES
ROMAN DUROV

9 INTRODUÇÃO
9 Proposições preliminares
12 Somos superpotências
19 Palavras, ações, heróis

21 REGRA Nº 1 – SEJA PIRATA
Palavras
23 A República Popular Pirata
23 As águas internacionais da pirataria
Ações
26 Sem fronteiras
Heróis
29 Diógenes

33 REGRA Nº 2 – FAÇA VOCÊ MESMO
Palavras
35 A cultura do faça-você-mesmo
36 Política lixo
40 A senhora simplicidade: arte de baixo custo
Ações
43 Morte ao sexista
48 Conselhos básicos para começar uma
banda punk feminista política
Heróis
48 D. A. Prigov

53 REGRA Nº 3 – RECUPERE A ALEGRIA
Palavras
55 Viveremos de amor e riso
56 Dadá
59 **Ações**
60 Se a juventude está unida
Heróis
64 1968

73 REGRA Nº 4 – FAÇA O GOVERNO CAGAR NAS CALÇAS
Palavras
75 Questione o *status quo*
Ações
77 Nada de conversa fiada
81 Arte em ação
83 Os machistas estão fodidos
Heróis
86 Martin Luther King

91 REGRA Nº 5 – SEJA UM DELINQUENTE ARTÍSTICO
93 **Palavras**
94 O ser humano como animal político e artístico
99 Quebre a (quarta) parede
101 Uma oração
Ações
103 Pussy Riot na igreja
Heróis
110 Yes Men

115 REGRA Nº 6 — IDENTIFIQUE OS ABUSOS DE PODER

Palavras

117 Mentir, trapacear, roubar (todo mundo faz isso): ou quem é o Sr. Putin e o que isso tem a ver com o Sr. Trump?

122 Fascistas de extrema-direita

Ações

132 Arranque a própria língua a dentadas

136 Recupere as ruas

Heróis

141 Os irmãos Berrigan

145 REGRA Nº 7 — NÃO DESISTA FÁCIL. RESISTA. ORGANIZE-SE.

Palavras

147 Encare as cicatrizes como medalhas de honra ao mérito

Ações

152 A liberdade é o crime que contém todos os crimes

Heróis

160 Emmeline Pankhurst

165 REGRA Nº 8 — ESCAPE DA PRISÃO

Palavras

167 O complexo industrial-prisional

Ações

178 Rebelião

Heróis

198 Michel Foucault

202 Teologia da Libertação: Uma conversa com Chris Hedges

213 REGRA Nº 9 – CRIE ALTERNATIVAS
Palavras
215 Seja esquisito
222 Todo o poder para a imaginação
Ações
224 Alternativa: outra polícia é possível
228 Alternativa: uma imprensa diferente é possível
Heróis
234 Alexandra Kollontai

239 REGRA Nº 10 – SEJAMOS PESSOAS
Palavras
241 Bruxa e puta com orgulho
251 O monstro da perfeição obrigatória
Ações
255 A revolução é minha namorada
Heróis
260 bell hooks

265 CONSIDERAÇÕES FINAIS –
A ESPERANÇA VEM DOS DESESPERADOS

273 POSFÁCIO POR OLIVIA WILDE

277 INDICAÇÕES DE LEITURA PUSSY RIOT
285 SOBRE A AUTORA

Proposições preliminares

Quando eu tinha catorze anos, escrevi um artigo sobre poluição e mudança climática e o levei à redação de um jornal local. Lá me disseram que eu era uma menina bem legal e até que não escrevia mal, mas que seria melhor me ater a escrever sobre o zoológico. O artigo sobre os níveis catastróficos de poluição da minha cidade natal não foi publicado. Fazer o quê?

Vivi muitas coisas desde então, entre elas ser presa e passar dois anos na cadeia. No fundo, porém, nada mudou pra valer. Continuo fazendo perguntas que incomodam. Aqui, ali, em todo canto.

Essas perguntas, ainda que não tenham respostas em certos casos, sempre me motivaram a agir. Creio que dediquei a minha vida ao ativismo. Minhas amigas e eu começamos a reivindicar o espaço público e a participar de manifestações políticas há bastante tempo, em 2007, quando éramos apenas umas molecas de dezessete ou dezoito anos. Fundamos o Pussy Riot em outubro de 2011, mas antes passamos cinco anos fazendo pesquisas formais e profundas sobre ativismo, aprendendo a fugir da polícia, a fazer arte sem grana nenhuma, a pular cercas e a fabricar coquetel molotov.

(!)

Nasci alguns dias antes da queda do Muro de Berlim. Naquele momento, acreditava-se que, após a suposta eliminação do paradigma da Guerra Fria, enfim passaríamos a viver em paz... Não foi bem assim. O que vimos, na verdade, foi um aumento astronômico da desigualdade, as oligarquias ganhando cada vez mais poder ao redor do mundo, a educação e a saúde públicas sendo ameaçadas, além de uma crise ambiental provavelmente irreversível.

Quando Trump ganhou a eleição presidencial, as pessoas ficaram profundamente chocadas. **Na verdade, o que aconteceu no dia 8 de novembro de 2016 foi a ruptura do paradigma do contrato social – a ideia de que podíamos viver confortavelmente sem sujar as mãos nos envolvendo com política**, de que bastava um voto a cada quatro anos (ou voto nenhum: o pressuposto de que se está *acima* da política) para resguardar as próprias liberdades. Essa crença – a de que as instituições estão aqui para nos proteger e zelar por nós e de que não precisamos nos preocupar em *proteger essas instituições* da corrupção, de lobistas, dos monopólios, do controle corporativo e governamental sobre nossos dados pessoais – veio abaixo. Nós terceirizávamos a luta política da mesma forma que terceirizávamos as vagas de trabalho mais mal remuneradas e as guerras.

Os sistemas atuais não conseguiram oferecer respostas aos cidadãos, de modo que as pessoas começaram a buscar soluções fora do espectro político dominante. Essas insatisfações estão agora sendo usadas por políticos de direita, xenófobos, oportunistas, corruptos e cínicos. Os mesmos que ajudaram a criar e a agravar esse cenário vêm agora nos oferecer salvação. Esse é o jogo deles. É a mesma estratégia de cortar os fundos de um programa ou de uma agência reguladora dos quais eles queiram se livrar e depois usar a ineficácia resultante disso como prova de que essas iniciativas ou órgãos precisam ser desfeitos.

Se a agressão nacionalista, o fechamento de fronteiras e os excepcionalismos [a crença na sua superioridade em relação aos demais] de todo tipo realmente funcionassem para a sociedade, a Coreia do Norte seria o país mais próspero do planeta. Mas, ainda que nada disso tenha dado certo, as pessoas continuam apostando as fichas nessa ideia. Isso explica o êxito de Trump, do Brexit, de Le Pen, Orbán e assim por diante. Na Rússia, o presidente Putin também faz o mesmo jogo: explora o complexo de raiva, sofrimento e empobrecimento do povo russo, causado pela crise econômica, a privatização maquiavélica e a desregulamentação ocorridas nos anos 1990.

(!)

Posso não ser presidenta nem deputada. Não tenho muito dinheiro nem poder. Mas uso minha voz para dizer humildemente que, fazendo uma retrospectiva do século xx, o nacionalismo e o excepcionalismo me dão arrepios.

Agora, mais do que nunca, precisamos reivindicar o poder que está nas mãos dos políticos, dos oligarcas e dos interesses ocultos que nos colocaram nessa situação. Chega de nos comportarmos como se fôssemos a última espécie da Terra.

O futuro nunca nos prometeu ser um mar de rosas, ou progressista, ou seja lá o que for. As coisas podem piorar. Elas têm piorado no meu país desde 2012, ano em que o Pussy Riot foi colocado atrás das grades e Putin se tornou presidente pela terceira vez.

(!)

Sem dúvida, nós do Pussy Riot tivemos muita sorte de não termos sido esquecidas nem abandonadas quando fomos silenciadas pelos muros da prisão.

Todos os interrogadores que falaram conosco após nossa prisão recomendaram que a) desistíssemos, b) nos calássemos e c) declarássemos amor incondicional por Vladimir Putin. "Ninguém liga para o que vai acontecer com vocês; vão morrer aqui na prisão, e ninguém vai ficar sabendo. Não sejam burras – digam que adoram Putin." Mas insistimos que não. E muitos nos apoiaram em nossa teimosia.

Muitas vezes me sinto culpada por todo o apoio que as pessoas deram ao Pussy Riot. *Foi incrível.* Existem muitas pessoas presas por motivos políticos em nosso país e, infelizmente, a situação está piorando. Os demais casos não atraem a atenção midiática que certamente merecem. Infelizmente, as condenações de ativistas políticos foram naturalizadas na opinião pública. **Quando pesadelos tornam-se constantes, as pessoas param de reagir.** É assim que a apatia e a indiferença triunfam.

As dificuldades e os fracassos não são razão suficiente para renunciarmos ao ativismo. Sim, as mudanças sociais e políticas não se dão de forma linear. Às vezes é preciso lutar por anos para obter um resultado mínimo. Mas, em outras ocasiões, é possível transpor montanhas de uma hora para a outra. Nunca se sabe. Prefiro continuar tentando conquistar mudanças graduais com humildade, mantendo a perseverança.

Somos superpotências

Fala-se muito da Rússia nos Estados Unidos hoje em dia. Mas muita gente não sabe como a Rússia realmente é. Qual a diferença entre um país tão bonito, cheio de pessoas maravilhosas, criativas e dedicadas e o seu governo cleptocrático? Muita gente se pergunta como é viver sob o domínio de um homem autoritário e misógino, detentor de um poder quase absoluto. Posso dar algum vislumbre de como é esse mundo.

A relação entre a Rússia e os Estados Unidos é um verdadeiro desastre. E eu, como se sofresse de uma estranha compulsão quase masoquista, aprecio o percurso que tenho seguido à sombra desses dois impérios. Minha existência se dá em algum ponto entre essas gigantescas máquinas imperialistas.

(!)

Não me importo com fronteiras (embora as fronteiras se importem comigo). Sei que existe poder na união interseccional, inclusiva e internacional de quem se importa mais com as pessoas do que com dinheiro ou status.

(!)

Somos mais do que átomos, separados uns dos outros, assustados pela TV e pela desconfiança mútua, confinados em casa e no iPhone, descarregando a raiva e o ressentimento contra nós mesmos e contra os outros. Não queremos viver em um mundo onde todos estão à venda e não resta lugar para o bem comum. Desprezamos essa abordagem cínica e estamos prontas para lutar. Mais do que isso, estamos fazendo mais do que resistir. Somos proativas. Vivemos de acordo com nossos valores no momento presente.

(!)

Quando tento encontrar palavras para falar da política mundial numa abordagem mais holística, quando proponho um debate sobre o futuro do planeta, e não sobre as ambições e a riqueza das nações, inevitavelmente começo a parecer ingênua e utópica para muita gente. Por algum tempo acreditei que isso se devia às minhas parcas habilidades de comunicação pessoal, e talvez isso seja de fato parte do problema. Mas vejo esse fracasso das palavras como um sintoma de algo maior. **Nunca chegamos a desenvolver uma linguagem com a qual pudéssemos discutir o bem-estar da Terra como sistema.** Categorizamos as pessoas de acordo com a procedência, sem aprendermos a falar delas como parte da espécie humana, mais ampla.

Sobrevivemos à crise dos mísseis cubanos e a muitos outros desafios. E agora, sem resistir, retrocedemos ao antigo paradigma da Guerra Fria. O Boletim dos Cientistas Atômicos ajustou o Relógio do Juízo Final para dois minutos e meio antes da meia-noite. As ameaças globais são piores agora do que quando se produziu a Iniciativa de Defesa Estratégica dos Estados Unidos nos anos 1980. E nos comprazemos em poder *novamente* culpar nossos contrários, um inimigo externo.

(!)

Quando duas pessoas passam um longo tempo se enfrentando, elas acabam ficando cada vez mais parecidas uma com a outra. Você espelha seu / sua oponente, e é sempre possível que, mais cedo ou mais tarde, você se torne indistinguível dele / dela. É um jogo de imitação sem fim. Quando seu / sua oponente é uma pessoa de grandes qualidades, talvez o espelhamento seja bom para você. Mas, quando se trata de uma relação entre impérios, o resultado geralmente é desastroso.

Quando Putin precisa implementar uma nova lei absurda entre os russos, ele se respalda nas práticas americanas. Quando a polícia russa é autorizada a se comportar violentamente em relação aos manifestantes, ela diz: "Por que você está reclamando? Nos Estados Unidos você já teria sido morto por um policial se protestasse desse jeito". Quando defendo a reforma penitenciária na Rússia e digo que nenhum ser humano deveria ser torturado e privado de medicação, as autoridades locais me dizem: "Veja Guantánamo, lá é ainda pior!". Quando Putin investe mais recursos no complexo militar-industrial em vez de cuidar de uma infraestrutura que está caindo aos pedaços, ele diz: "Veja o que fazem na Otan! Veja os drones! Veja os bombardeios no Iraque!".

É verdade. Pior que é verdade. Ainda assim, acredito que a pergunta a fazer é a seguinte: quem tomou essa decisão de copiar *o pior* e quando?

Quando meu governo contrata brutamontes para me bater e queimar meus olhos com uma substância verde cáustica, o que dizem é: a) você é uma vadia antirrussa, b) seu objetivo é destruir a Rússia, c) você está sendo paga pela Hillary, d) volte para os Estados Unidos. E, quando alguém nos Estados Unidos questiona o poder e as bases das narrativas oficiais, é rotulado como antiamericano. Como diz Noam Chomsky (e ele sabe do que está falando):

Assim como na União Soviética, o "antissovietismo" foi considerado o mais grave de todos os crimes [...]. Até onde sei, os Estados Unidos são a única sociedade livre na qual esse conceito vigora. O "americanismo", o "antiamericanismo" e a ausência de "antiamericanismo" são noções que combinam bem com a "harmonia" e a ideia de se livrar desses "intrusos".

O panorama é sombrio. Faz com que pensemos que a política é chata e inútil e que não vale a pena nos envolvermos com ela, porque não temos como alterar esse quadro. Mas digo que é possível. **Basta tratarmos do assunto tendo em mente pessoas de carne e osso.** É simples: a assistência médica, a educação, o livre acesso à informação, sem censura. Temos de parar de gastar nossos recursos com drones, mísseis balísticos intercontinentais e serviços de inteligência excessivamente voyeurísticos. Temos que remunerar as pessoas pelo trabalho ao qual se dedicam; não somos escravos. Estamos falando de direitos, não de privilégios. E tudo isso é possível – mudar o estado das coisas é muito mais factível do que nos fizeram acreditar.

Putin continua no poder, mas não porque as pessoas estejam felizes com a sua forma de governar. Constatamos que estamos ficando cada vez mais pobres enquanto Putin e sua equipe estão ficando cada vez mais ricos. *Mas* (há sempre um "mas") o que podemos fazer, você e eu, se é impossível mudar as coisas? É o que nos dizem.

Se tivéssemos que apontar um inimigo, eu diria que nosso maior inimigo é a apatia. Se não estivéssemos de mãos atadas pela ideia de que é impossível mudar as coisas, seríamos capazes de alcançar resultados fantásticos.

O que nos falta é a confiança de que as instituições podem realmente funcionar melhor e de que *nós somos capazes de fazê-las funcionar melhor*. As pessoas não acreditam no enorme poder que *elas têm*, mas que, por algum motivo, não usam.

(!)

O dissidente, artista e escritor Václav Havel passou cinco anos em um campo de prisioneiros soviéticos como punição por suas opiniões políticas e, posteriormente, após a queda da URSS, tornou-se presidente da Tchecoslováquia. Havel escreveu uma obra brilhante e inspiradora chamada *The Power of the Powerless* [O poder dos que não têm poder] (1978), ensaio que entrou na minha vida como que por milagre.

Após ser condenada a dois anos de prisão, fui levada a um dos campos de trabalho forçado mais severos da Rússia, na

Mordóvia. Depois de apenas quatro semanas de trabalho extremamente traumáticas no campo (quando eu ainda tinha pela frente mais de um ano e meio de cárcere), fiquei desanimada e apática. Tinham destroçado meu espírito. Acabei me tornando obediente em razão de tantos abusos, do trauma e da pressão psicológica. "O que posso fazer contra essa máquina totalitária, isolada de todos os meus amigos e companheiros, terrivelmente sozinha, sem chance de sair daqui tão cedo?", pensei. Estava nas mãos de carcereiros, que não são responsabilizados pelos ferimentos e pelas mortes de prisioneiros. Literalmente pertencíamos a eles. Havíamos nos tornado escravos sem palavras e sem vida, seres descartáveis, sombras sonâmbulas do que um dia foram seres humanos.

Mas sou uma mulher de sorte.

Sou uma mulher de sorte porque descobri *The Power of the Powerless*. Li o livro escondida dos funcionários da prisão e chorei de alegria. Aquelas lágrimas resgataram minha confiança e minha coragem. Só nos despedaçamos quando nos permitimos ser despedaçados.

Havel diz:

> Parte da essência do sistema pós-totalitário é que ele envolve todos em sua esfera de poder, não para que se percebam como seres humanos, mas para que abdiquem de sua identidade humana em favor da identidade do sistema, ou seja, para que possam se tornar agentes do automatismo geral do sistema e servos de seus objetivos autodeterminados [...].
>
> Mais do que isso: também para que eles aprendam a se sentir confortáveis com esse envolvimento, identifiquem-se com ele como se fosse algo natural e inevitável e, em última análise, para que possam – sem nenhum incentivo externo – considerar qualquer não envolvimento como uma anormalidade, uma

afronta, um ataque a si mesmos, uma forma de abandonar a sociedade. Ao atrair todos para dentro de sua estrutura de poder, o sistema pós-totalitário os converte em um instrumento de uma totalidade recíproca, a autototalidade da sociedade.

As palavras têm poder: o ensaio de Havel teve um impacto profundo na Europa Oriental. Para Zbigniew Bujak, ativista do sindicato polonês Solidariedade:

Tomamos conhecimento desse ensaio na fábrica Ursus em 1979, em um momento em que sentíamos que tínhamos chegado ao fim da linha. Inspirados pelo KOR [Comitê de Defesa dos Trabalhadores Poloneses], discutíamos entre nós, conversando com as pessoas, participando de reuniões públicas, tentando falar da realidade da fábrica, do país e da política. Chegou a um ponto em que as pessoas achavam que tínhamos enlouquecido. Por que fazer tudo aquilo? Por que assumir tantos riscos? Sem resultados imediatos e tangíveis à vista, começamos a duvidar do propósito do que estávamos fazendo. Será que não deveríamos pensar em outros métodos, outras maneiras?

Foi então que apareceu o ensaio de Havel. A leitura nos deu as bases teóricas para levar nossas ações adiante. Levantou nosso ânimo. Não desistimos e, um ano depois – em agosto de 1980 –, ficou claro que o aparato do partido e a administração da fábrica tinham medo de nós. Reconheceram a nossa importância.

Quando nos faltam forças para agir, é preciso encontrar palavras que nos inspirem. Por isso, lembre-se de um ponto fundamental: nada de deixar sua confiança arrefecer. *O poder está nas suas mãos.* Juntos, como comunidade ou como movimento, podemos fazer milagres. E faremos.

Palavras, ações, heróis

O que se segue são algumas regras, táticas e estratégias que têm sido úteis na minha vida. Ainda que cada pessoa deva encontrar o próprio caminho, espero que você descubra algo de interessante no meu.

Acredito na união entre teoria e prática, de palavras e ações. No princípio era o verbo, mas, como todos sabemos, logo vieram as ações. Isso também se aplica à minha vida. Por isso, escrevo sobre as coisas que me inspiram, me deprimem ou me enfurecem. Também coloco em prática aquilo em que acredito, e cada lado dessa equação – as ações e as palavras – cresce, reforça e se reflete no outro.

Assim, cada um dos capítulos deste livro tem a seguinte estrutura:

1 Palavras
2 Ações
3 Heróis

Atenção! Também podem aparecer **caixas mágicas** de vez em quando.

A magia, a feitiçaria e os milagres são uma parte fundamental de qualquer luta por justiça. Os grandes movimentos da humanidade, incluindo o próprio Universo, não funcionam de acordo com uma lógica linear simples (do tipo "a cada centavo que eu der, recebo um tanto de justiça"). Ao entender isso, você poderá manter a abertura e a capacidade ingênua de se surpreender, deixando o pensamento fluir e agradecendo por tudo que já vivenciou. Isso inclui cumprir pena na prisão. A lógica não linear dos movimentos sociais exige que os ativistas sejam criaturas atentas, sensíveis, gratas e de mente aberta. Os ativistas são piratas e bruxas. Os ativistas acreditam em magia.

REGRA Nº 1

SEJA PIRATA

Busque uma verdade que rompa
com os limites e as definições já
existentes. Siga seus instintos
e você terá a chance de quebrar
as regras dominantes com tanta
beleza que pode até acabar
estabelecendo uma nova norma,
um novo paradigma. Nada que
fica congelado é perfeito.

Em meu próprio país estou em terra distante.
Sou forte, mas não tenho poder.
Ganho, mas permaneço perdedor.
Digo boa-noite ao fim do dia.
Ao me deitar, tenho muito medo de cair.
FRANÇOIS VILLON

Não sinto que seja necessário saber
exatamente o que sou. O objetivo principal de
nossa vida e de nossa obra é nos tornarmos
alguém diferente de quem éramos quando
começamos.
MICHEL FOUCAULT

A independência é a minha felicidade, e eu vejo
as coisas tal como elas são, sem considerar o
lugar ou a pessoa; meu país é o mundo e minha
religião é fazer o bem.
THOMAS PAINE, *Os direitos do homem.*

A República Popular Pirata

"Não sinto que seja necessário saber exatamente o que sou. O objetivo principal de nossa vida e de nossa obra é nos tornarmos alguém diferente de quem éramos quando começamos", é o que diz Michel Foucault.

Se o que você quer é consumir a própria identidade e transformá-la em fertilizante para as outras pessoas, você vai pegar fogo, ter a carne violenta e brutalmente espalhada por todo o planeta e o fígado bicado por pássaros. Mas é uma experiência gratificante. Você vai renascer das cinzas, renovado, jovem e belo para toda a eternidade.

Quero uma vida mais intensa. Quero alcançar a densidade máxima, viver nove vidas em uma. O que busco são vidas, não experiências. A meu ver, uma busca por experiências é uma versão *Coca-Cola Diet*, sem gordura, do que seria uma busca por viver nove vidas em uma.

É que viver por viver, seguindo os padrões, só porque me disseram que "é para ser assim", não é vida. Isso para mim não vale.

A cultura punk nos ensinou que ser moderado e contido é muitas vezes a escolha errada. Quando sua intuição lhe disser que chegou a hora de deixar a moderação para trás, não hesite.

As águas internacionais da pirataria

Desconfio de todos os limites que me foram impostos. Sexo, nacionalidade, raça, cor de cabelo, o timbre da minha voz, o modo como trepo ou escovo os dentes.

NÃO TENTE DEFINIR O PUNK

Ser punk é surpreender sempre. Não se trata de manter um corte de cabelo moicano a vida toda. Ser punk significa mudar a própria imagem sistematicamente, ser indescritível, sabotar códigos culturais e políticos.

O punk é um método. Bach e Händel são minhas principais influências punk. Não gosto do conceito de uma subcultura punk, segundo o qual você fica preso a uma imagem. O *performer* Alexander Brener critica as pessoas que usam calça jeans *skinny* rasgada e se acham punk pra caralho. O punk pede mais que isso. No primeiro dia, rasgue o jeans; no segundo, use sapatos Louboutin roubados; no terceiro, raspe a cabeça; e, no quarto, dê um jeito de fazer o cabelo crescer até a bunda. Para mim, ser punk é confrontar, transformar e superar as expectativas.

Se tem algo em que eu posso ser útil é trazendo a perspectiva de um ser humano que não seja particularmente russo, chinês ou americano. De alguém que esteja tentando viver e respirar do seu próprio jeito.

A perspectiva de uma pirata.

Como pirata, sou marinheira e aventureira. Mas, como pirata, também sei que é fundamental ter uma comunidade, gente em quem confiar, gente comprometida o suficiente com você para estarem juntos em uma guerrilha, se necessário. Minha casa fica no meu coração e no coração de quem faz parte da minha tribo.

Outro dos meus ofícios é investigar a vida e as ordens políticas que me rodeiam. Minha arte consiste em afiar meu pensamento e manter os olhos bem abertos. Prometi a mim mesma continuar crítica e, se preciso, estar pronta para realizar análises, dissecações e indagações friamente. Ao mesmo tempo, eu me comprometo a ser amorosa, aberta e conectada: a simpatia e a compaixão são os únicos amigos realmente confiáveis de alguém que se emociona em estar sintonizada com o mundo, que quer ressoar o tempo em que vive e o ar que respira, que tem sede da música e da harmonia do Universo que vibram em uma multiplicidade incompreensível de acordes.

Como observou o filósofo Peter Sloterdijk sobre os *Escritos corsários* de Pasolini, "a ideia do intelectual como bucaneiro não é nada mal". "Raramente nos vemos dessa forma. O bucaneiro não pode assumir pontos de vista fixos porque está constantemente se deslocando entre uma frente e outra."

É fascinante ver alguém tentando explicar a realidade com o discurso desajeitado e constipado usado pelos impérios. É algo que nunca entendi. Nunca entendi esse papo vazio sobre inimigos do Estado, sobre inimigos externos, sobre... A lista parece não ter fim. Por exemplo:

os russos	**as lésbicas**
os comunistas	**o Pussy Riot**
Tio Sam	_____
os muçulmanos	**(insira aqui seu nome)**
os porcos ianques	_____
os mexicanos	**(insira aqui o nome**
as bruxas	**da sua mãe)**

Quando quiser enxergar a verdade e passá-la adiante, você estará deixando para trás o território do que já é conhecido (de acordo com o padrão), e posso garantir que você vai parecer ridículo, às vezes bobo, e não muito respeitável. Deverá aprender a amar os próprios fracassos: eles fazem parte do seu caminho rumo ao sublime. Adentre as águas internacionais do desconhecido, nas quais tudo o que se pode fazer é ser pirata.

O que fica congelado está longe de ser perfeito. Esse estranho mundo líquido é real e é bom. E, se não fosse por ele, o que nos restaria? A ideia de que quem gosta de cachorros deve se casar com quem gosta de cachorros e de que quem gosta de gatos deve se casar com quem gosta de gatos?

Quando se é líquido, fica-se livre para assumir qualquer forma e se misturar com outros líquidos. Não é divertido ser gelo; prefiro ser água. Seduza e deixe-se seduzir por questionamentos radicais.

AÇÕES

Sem fronteiras

Nasci em Norilsk, uma cidade muito industrial e muito siberiana. A Sibéria tem a forma de um galo gigante, e minha cidade natal está localizada na cabeça. Todo verão eu ia para a casa da minha avó, que fica bem entre as bolas, a quatro horas de distância de avião.

O ar da minha cidade natal é composto de metais pesados e um pouco de oxigênio. A expectativa de vida é dez anos menor do que em outras regiões da Rússia, e o risco de câncer é duas vezes mais alto.

Cresci entre adultos determinados, independentes e focados. Minha mãe é uma maximalista com uma ética de trabalho impressionante, assim como o marido dela, meu padrasto. Ela tem um dom de convencimento e de liderança; pode apontar para um cachorro, dizer que é um gato e você vai acreditar nela. Meu pai é responsável por toda a divina insanidade da minha vida. É escritor, artista, um romântico cínico, um estoico, um nômade, um aventureiro... e, claro, é pirata. "Quando a Nadya tinha quatro anos", escreveu meu pai a meu respeito, "ela me disse de maneira absolutamente consciente, clara e estrita: 'Pai! Nunca me force a fazer nada'. Não me lembro qual foi a ocasião, mas imediatamente entendi que aquilo era uma declaração de independência. E nunca a 'forcei a fazer nada'. Eu me ative a motivá-la. Meu ponto de partida sempre foi a própria vontade dela. Eu a cultivei desde o interior, como uma flor de açafrão."

Meu pai não é uma pessoa religiosa no sentido usual, mas compreende a importância da cultura e de uma linguagem capaz de expressar a experiência da transcendência. Quando eu era criança, costumávamos visitar igrejas católicas, protestantes e ortodoxas, mesquitas, sinagogas e até eventos dos *hare krishna*. Meu pai não me impôs nenhum dogma. Nós gostávamos de discutir livremente, com alegria, nossas diferentes impressões e, às vezes, escrevíamos sobre algumas delas.

De onde sou? Sou da cidade mais poluída do planeta. Sou da Via Láctea. Sou da literatura russa e do teatro japonês. Sou de todas as cidades onde lutei ou trepei. Sou da prisão e sou da Casa Branca. Eu sou dos discos de punk e das composições de Bach, sou da minha obsessão por turquesa, café e música alta.

(!)

Quando a sua paixão de adolescência é o poeta revolucionário russo Vladimir Maiakóvski, você sabe que se fodeu. Isso significa que, mais cedo ou mais tarde, você vai se envolver com política. Eu tinha catorze anos e achava que fazer jornalismo investigativo era a coisa mais legal do universo.

"O que você quer ser quando crescer?", os amigos dos meus pais me perguntavam.

Não acho muita graça nessa pergunta: ter que definir agora, de uma vez por todas, o que quero ser. "Quero estudar filosofia", eu respondia.

"Mas que absurdo. Quem vai pagar você para ser filósofa? Ser filósofa não é um trabalho."

Se estou me recusando a me definir, o que faz você pensar que eu gostaria de ser rotulada por razões monetárias? A ideia de ser embalada em um papel brilhante para ser colocada à venda não me apetecia.

Eu não lia livros de esquerda naquela época. Mas nossas intuições adolescentes costumam claramente pender para essa direção (e que bom que seja assim). Tenho consciência de que devo parecer superingênua, mas não vou pedir desculpas por isso. **Com o tempo, foi a ingenuidade que me trouxe as melhores coisas da vida.**

"Eu não ligo. Vou estudar filosofia."

"Por quê?"

"Porque a filosofia me faz feliz."

Assim que recebi meu diploma de ensino médio, entrei em um avião para Moscou e deixei minha cidade na Sibéria.

Ser um pirata adolescente não é nada fácil. A gente passa maus bocados para descobrir quem é. É sufocado por normas e bombardeado por instruções e conselhos. Mas eu não estava disposta a deixar que outras pessoas me dissessem quem eu sou. Essa era minha tarefa, e me dediquei a ela.

HERÓIS

Diógenes

Diógenes de Sinope (também conhecido como Diógenes, o Cínico, ou Diógenes, o Cão) foi um filósofo grego nascido no século V a.C., cerca de 2.400 anos atrás. Vivendo com pobreza e simplicidade, dizendo o que bem queria aos poderosos, sem dar a mínima para o que pensavam dele, Diógenes tem muito a nos ensinar hoje. Ele passava os dias caminhando com uma lanterna em busca de um "homem honrado".

Conta-se que Diógenes encontrou inspiração em um rato que corria de um lado para outro, não à procura de abrigo ou de delícias para comer, mas simplesmente existindo como rato. Diógenes dormia enrolado em seu manto onde quisesse, falava com quem tinha vontade e morava em uma ânfora gigante. Ele era um "filósofo cão", um cínico, que vem da palavra grega κυνικός (*kynikos*), que significa "canino".

Diógenes não gostava de seu contemporâneo Platão. O biógrafo Diógenes Laércio conta que Diógenes criticava Platão pelo excesso de vaidade e por se intrometer em seus discursos. O crime de Platão foi transformar a filosofia em pura teoria, enquanto, para Sócrates e Diógenes, a filosofia sempre foi uma combinação entre teoria e prática: a vida real. Sócrates, pai da filosofia, não escreveu uma linha sequer. Como Diógenes, ele gostava de passear, beber e conversar. Platão e Aristóteles são responsáveis por nossa ideia moderna da filosofia como algo que deve ser registrado por escrito. No entanto, existiu a filosofia prática, um ramo alternativo, no qual um filósofo ensinava pelo exemplo, pelo seu modo de vida. Ações, não palavras.

SEJA PIRATA

(!)

Quando eu tinha dezoito anos, tentei convencer meus professores da faculdade de filosofia da Universidade Estadual de Moscou a me avaliar pelas ações que eu realizasse, em vez de escrever um trabalho final. Chegamos a um acordo e escrevi um artigo sobre a filosofia da ação.

(!)

O dramaturgo Luciano de Samósata credita a Diógenes o primeiro uso da expressão "cidadão do mundo" de que se tem notícia. Quando perguntavam a Diógenes de onde ele vinha, ele dizia: "De todo lugar... Sou um cidadão do mundo". Sempre subversivo, Diógenes queria dizer com isso que pertencia ao mundo das ideias, e não a uma entidade política artificial. Diógenes era um homem sem identidade social estável, o exilado e marginalizado por excelência.

Ele também não se deixou impressionar por Alexandre, o Grande, o lendário conquistador. De acordo com Plutarco, estadistas gregos e outros filósofos célebres bateram palmas para Alexandre quando ele anunciou uma campanha militar contra a Pérsia. Mas não Diógenes. Diante disso, Alexandre foi procurá-lo e o encontrou tomando banho de sol. Alexandre perguntou a Diógenes se ele queria alguma coisa, e Diógenes disse que sim, que parasse de bloquear o sol. Por sorte, Alexander não se ofendeu. Em outra ocasião, Alexandre, o Grande, disse que, se não fosse Alexandre, teria gostado de ser Diógenes.

Diógenes urinava nas pessoas que o insultavam, defecava no teatro e se masturbava em público. Sobre a indecência desse ato, declarou: "Quem dera fosse tão fácil acabar com a fome apenas esfregando minha barriga".

Diógenes adorava ser chamado de cachorro. Afinal, de acordo com seu biógrafo Diógenes Laércio, ele se dizia um cão de caça: "Faço festa para quem me oferece algo, ladro para os que se recusam e cravo os dentes nos patifes".

Nós, seguidores de Diógenes, também nos comportamos como cães: comemos e fazemos amor em público, andamos descalços e dormimos em banheiras e encruzilhadas.

Diógenes não estava interessado em dinheiro nem em posição social. Ele acreditava que passar a vida em busca de prazeres artificiais só trazia infelicidade. Mas é possível encontrar prazer no próprio ato de rejeitar prazer. Tendo isso em mente, Diógenes pedia dinheiro às estátuas, para se acostumar com a rejeição. Ele rolava na areia quente no verão e abraçava estátuas congeladas no inverno para se tornar mais resistente. Quando se permitia relaxar, buscava apenas os prazeres mais simples e naturais.

Sobre Diógenes, seu biógrafo Diógenes Laércio declarou: "Quando lhe perguntaram qual era a coisa mais bonita do mundo, ele respondeu: 'A liberdade de expressão'".

Diógenes também morreu como pirata, de acordo com seus próprios critérios. Quando tinha quase noventa anos, suicidou-se prendendo a respiração. (Talvez tenha sido isso, talvez tenha comido polvo estragado, talvez tenha morrido por causa de uma mordida de cachorro, algo bastante irônico para Diógenes, o Cão.) Dizem que se despediu deste mundo no mesmo dia que Alexandre, o Grande.

FAÇA VOCÊ MESMO

REGRA Nº 2

Se você quiser mudar algo, antes precisa saber como as coisas funcionam. Todo ativista deveria saber disso. E você aprende como as coisas funcionam ao praticá-las. Quem quer viver isolado em uma torre de marfim? Tente. Consiga. Fracasse. Assuma diferentes papéis, máscaras, personas. Não espere que alguém diga a você o que deve fazer. Escolha por conta própria. E faça você mesmo.

A ética punk era toda baseada no
"faça–você–mesmo", e eu sempre fui muito
literal, sobretudo quando jovem. Quando me
disseram que qualquer um poderia fazer isso,
pensei: "Beleza, qualquer um sou eu mesmo".
MICHAEL STIPE

Ser governado é ser observado, inspecionado,
espionado, dirigido, submetido à lei, numerado,
regulado, inscrito, doutrinado, evangelizado,
controlado, estimado, valorado, censurado e
comandado por criaturas que não têm o direito
nem a sabedoria, nem a virtude para fazê–lo.
PIERRE–JOSEPH PROUDHON, *General Idea of
the Revolution in the Nineteenth Century*
[Ideia geral de revolução no século XIX].

Anarquia, lei e liberdade sem poder.
Despotismo, lei e poder sem liberdade.
Barbárie, poder sem liberdade nem lei.
República, poder com liberdade e lei.
IMMANUEL KANT, *Antropologia de um
ponto de vista pragmático.*

A cultura do faça-você-mesmo

A cultura do faça-você-mesmo [em inglês, *do-it-yourself*, DIY] nos ensina que é bom usar o cérebro e as mãos. Ela nos ajuda a preservar a sanidade, livrando-nos da alienação e mostrando que bom mesmo é andar de olhos bem abertos. Oferece possibilidades infinitas, incluindo o prazer do autodidatismo. Para a cultura do faça-você-mesmo, todo ser humano é artista. A cultura do faça-você-mesmo nos faz feliz.

A alienação acontece quando perdemos de vista o cenário mais amplo, quando desconhecemos o funcionamento do sistema como um todo, mas executamos mecanicamente as tarefas. A cultura do faça-você-mesmo nos anima a explorar, pois não há nada no mundo que esteja além de nossa compreensão. Ainda assim, seus princípios não garantem que nunca vamos precisar de especialistas. Às vezes, precisamos de alguém que tenha conhecimento em uma área específica, mas, seguindo esse espírito, entendemos que os problemas podem ser resolvidos não *apenas* por especialistas.

Ao longo da vida, lutamos para ter controle sobre a rotina diária e, portanto, conquistar a liberdade. Nesse sentido, a cultura do faça-você-mesmo nos lembra que os acontecimentos mais bonitos e decisivos da vida não seguem a lógica das grandes instituições. Como o amor, os trovões, o nascer do sol, o nascimento e a morte, por exemplo. A cultura do faça-você-mesmo é a descorporização da maneira de perceber a realidade. Quando descobrimos que somos donos e senhores de todos os segundos, tornamo-nos anarquistas e agitadores dos mais perigosos.

(!)

Criamos o Pussy Riot inspiradas pelos fanzines punks das riot grrrls.

Como é possível que uma menina russa de vinte anos que vivia sob o governo Putin em 2010 tenha se sentido tão profundamente ligada ao movimento americano das riot grrrls, iniciado nos anos 1990? Não faço ideia, mas foi o que aconteceu comigo. É a manifestação pura do poder e do mistério da arte.

A arte cria conexões e vínculos que não são baseados em sangue, nacionalidade ou território.

Política lixo

As pessoas acham que existe apenas comida lixo [*junk food*], mas também existem músicas lixo, filmes lixo e, sim, política lixo.

A cultura lixo nos convenceu de que a merda que nos mata tem algo de agradável e divertido. **A Coca-Cola, que é produzida a partir de um pó cinzento altamente ácido e venenoso, e Trump, composto de intolerância barata e puro ódio, funcionam de acordo com a mesma lógica.** Seguindo esse raciocínio, milhões de trabalhadores empobrecidos dos Estados Unidos continuam votando na organização mais perigosa da história da humanidade: o Partido Republicano.

Minimizar o lixo, maximizar a alegria e a compreensão é uma questão de honra para mim. Chega um momento em que você diz "foda-se essa merda, podemos fazer melhor do que isso por conta própria". Os princípios do faça-você-mesmo podem nos ajudar nisso, fazendo-nos analisar, questionar, criar alternativas. Começar do zero.

(!)

Em seu livro *Our Revolution* [Nossa revolução], Bernie Sanders relata uma experiência que teve na Carolina do Sul. Conversando com um jovem negro que trabalhava no McDonald's, Bernie ouviu que, para a vida dele e a de seus amigos, "a política era totalmente irrelevante". Não era um assunto com o qual se preocupavam nem do qual falavam. Como a maioria dos estados republicanos, a Carolina do Sul havia rejeitado a reforma do plano de saúde do governo, o Medicaid, proposta pela Lei de Assistência Médica Acessível [em inglês, Affordable Care Act, ou ACA], conhecida como Obamacare. As pessoas sobrevivem ou morrem sem ter acesso a cuidados médicos, mas ainda se recusam a enxergar como a sua participação na política está diretamente relacionada com a sua própria vida (e morte). Diante disso, Bernie diz (de maneira simples e genial): "Francamente, essa falta de consciência política é exatamente o que a classe dominante deste país quer. Os irmãos Koch gastam centenas de milhões para eleger candidatos que representam os ricos e os poderosos. Eles entendem a importância da política". Os irmãos Koch e a turba de Putin não querem que verifiquemos o que acontece com o dinheiro que roubam do contribuinte - nós - por meio de sua influência política, em subsídios do governo e outras concessões. É compreensível.

A qualidade do debate político virou um lixo. É tudo muito cômodo para os irmãos Koch e os amigos de Putin, que podem continuar tramando seus negócios escusos enquanto estamos distraídos com cretinices.

(!)

As mesmas tendências políticas se espalham pelo planeta como uma doença sexualmente transmissível.

Não existe política real na Rússia. Meu país é um território governado por bandidos, e eles fazem o que bem entendem. Eles não estão interessados em debates públicos nem na opinião pública de verdade; eles sabem que uma opinião pública conveniente pode ser facilmente fabricada. É fácil fazer uma pesquisa na Rússia: o governo escolhe os números de seu agrado e os anuncia na mídia controlada pelo Estado. Portanto, não podemos esperar debates de alta qualidade na Rússia, mas isso não significa que não busquemos recriar o discurso político russo por nossos próprios meios.

Lembro-me de pensar que, em outros países, onde eleições de verdade estão acontecendo, tudo deve ser tão diferente e muito mais complicado do que aquilo que presenciei no meu país – algo que nunca serei capaz de entender. Fiquei nervosa ao falar sobre política diante de estudantes americanos, por exemplo. Tudo mudou (para os Estados Unidos e para mim) com a chegada de Trump. Ele baixou o nível do discurso político americano. E fez isso muito bem.

Antes eu prestava mais atenção nos detalhes e nos acontecimentos dos Estados Unidos, mas, depois de Trump, perdi o interesse. De certa forma, fiquei com preguiça. Não sinto sequer que eu deva ler as notícias na Rússia diariamente, porque as coisas estão claras: bandidos egoístas que querem que nosso país volte a ser autoritário estão no poder e fazem isso para encher os próprios bolsos o máximo possível.

O fenômeno Trump simplificou as discussões políticas a tal ponto que chega a ser criminoso. Fiquei desolada com o nível dos debates presidenciais. Coloque seu discurso em prática, seja claro e coerente, não tente me enganar (por mais que pareça, não sou idiota), sirva o povo, seja transparente – ou vá se foder. Se você é um representante eleito, é propriedade pública; se não gosta disso, foda-se de novo e não se meta com política. Ou, como disse Noam Chomsky: "Sempre acreditei que o fundamento do anarquismo é a convicção de que o ônus da prova recai sobre as autoridades, que devem ser depostas se não derem conta de apresentá-la".

Não é, ao mesmo tempo, curioso e desesperador que sejam os punks aqueles a exigir alguma ética de trabalho e profissionalismo por parte dos políticos?

Fica claro que a política poderia se beneficiar da cultura do faça-você-mesmo. Nesse âmbito, esta equivale à ampliação da democracia direta. Há questões que podem e devem ser decididas pelos próprios cidadãos.

LIÇÕES DE REBELDIA

Em um determinado momento, cheguei a dar aulas sobre furto de lojas em Moscou.

É melhor agir em duplas nos supermercados. Coloque as compras em um carrinho, procure um canto discreto e transfira os produtos para a sua sacola. É mais fácil esconder itens caros e compactos, como carne e queijo, nas costas ou na barriga, apertando-os com o cinto. Em seguida, pegue um pão de forma ou uma embalagem de aveia da prateleira, vá para o caixa e pague somente por isso.

Após sair do supermercado e virar a esquina, guarde na mochila os produtos roubados trazidos na sacola e no corpo. Deixe a sacola vazia preparada para a próxima loja e certifique-se de que os artigos que roubou estejam bem guardados, porque, se você for encontrado e detido, a lista de bens roubados vai incluir o que você trouxe com você.

A senhora simplicidade: arte de baixo custo

Simplicidade, pureza e minimalismo me apetecem quando se trata de arte. Gosto de pensar nessa abordagem da arte como a arte de viver de forma simples.

A produção da arte tem sido excessiva e pomposa. O mercado insiste em obras produzidas nesse modelo por causa de seus próprios medos. Os medos do mercado são simples: o que acontece se não forem vendidos produtos suficientes?

Parte meu coração ver jovens artistas que não estão realmente integrados ao mercado ralando para superproduzir. Ao diluir as próprias obras de arte, eles castram a si mesmos. A arte dominada pelo mercado os obriga a iniciar a carreira com a cabeça no dinheiro, preocupando-se mais em produzir em excesso para lucrar do que com a arte em si – as sombras, os sons, as cores.

Essa galera gasta dezenas de milhares de dólares em equipamentos dos quais nem precisa. Entendo por que a Sony ou a Time Warner precisam de uma câmera RED e de iluminação profissional. A indústria do entretenimento é uma *indústria*. Trata-se de arte *fast-food*, fabricada em massa. Se você quiser fazer um hambúrguer de merda para o McDonald's, precisa de uma fábrica; da mesma forma, para produzir arte de merda, você precisa de instalações caras e gigantescas. Por isso, entendo que a Sony precise de recursos de computação gráfica, mas não entendo por que eu e outros artistas que não estão conectados com as corporações precisamos reproduzir a estética corporativa.

No entanto, vejo cada vez mais pessoas de fora desse mercado que, em vez de desenvolver um estilo próprio radicalmente novo, copiam uma estética mecânica e superproduzida. Se você acha que precisa de milhares de dólares para fazer um vídeo, foi enganado. O que conta é a ideia, a visão, o sentimento e a integridade. Com ou sem dinheiro.

A ideia, o talento, a paixão, a coragem e a sinceridade radical, sem firulas ou efeitos especiais, isso é o que importa. Sem gastos desnecessários ou equipamentos caros. A arte exige bastante concentração e autodisciplina, e quem está no comando é você – não tem ninguém por perto para dizer o que você deve fazer. Não tem cinto de segurança. Não tem garantia alguma. É aí que as coisas realmente interessantes acontecem.

ATIVISMO MONETÁRIO!

1 **O SEU DINHEIRO ENDOSSA OS PRODUTOS QUE BANCA.** Toda vez que gastamos dinheiro em alguma coisa, contribuímos para que ela continue existindo. Adquirir um objeto transmite uma mensagem para o mercado, reafirmando o produto, seu impacto ecológico e seu processo de fabricação. O dinheiro é poder, e esse poder traz responsabilidade. Se gastarmos dinheiro de uma maneira diferente, podemos mudar o mundo.

2 **VIVA DENTRO DAS SUAS POSSIBILIDADES.** Quando conseguimos nos manter com menos do que ganhamos, nos sentimos mais seguros. Isso também prova que não somos consumidores insaciáveis.

3 **EVITE DÍVIDAS.** Cuidado com os cartões de crédito. Os bancos quase sempre estão bastante dispostos a nos oferecer crédito,

FAÇA VOCÊ MESMO

porque é uma boa maneira de nos acorrentar a eles. Preste atenção nas dívidas.

4   O EXPERIMENTO ECONÔMICO DE 30 DIAS. Passe um mês anotando tudo que você compra. No fim do mês, separe as despesas por categoria: aluguel, comida, energia elétrica, vinho, cafés, almoços etc. Depois multiplique essas categorias por doze para ter uma ideia aproximada do custo anual de cada uma delas. Você vai perceber que gastos menores representam somas significativas ao longo de um ano. Isso significa que pequenas mudanças nos hábitos de consumo podem trazer uma economia considerável.

5   REPENSE OS GASTOS. Talvez você não tivesse que trabalhar tanto se gastasse menos ou de forma mais consciente. Considere a possibilidade de um expediente mais curto. Muitas pessoas estão presas em empregos de quarenta horas por semana, ainda que preferissem trabalhar menos tempo mesmo recebendo menos dinheiro. Isso as submete a estilos de vida extremamente desgastantes. Na Holanda, existe uma lei que permite aos trabalhadores reduzir a jornada de trabalho com uma simples conversa com o empregador. A menos que haja uma razão comercial suficientemente boa para negar esse pedido

> (o que acontece em menos de 5% dos casos), o empregador é obrigado a acatá-lo. Resguardando a possibilidade de trabalho em tempo parcial, a Holanda alcançou a maior porcentagem de trabalhadores que cumprem uma jornada reduzida do mundo.
>
> (Texto adaptado de *The Simpler Way: A Practical Action Plan for Living More on Less* [O jeito mais simples: um plano de ação prático para viver mais com menos], de Samuel Alexander, Ted Trainer e Simon Ussher.)

AÇÕES

Morte ao sexista

O Pussy Riot nasceu de uma confusão. Minha amiga Kat e eu fomos convidadas para dar uma palestra. Dissemos aos organizadores que o tema seria "Feminismo punk na Rússia". Começamos a nos preparar para a palestra na noite anterior e nos demos conta de que o feminismo punk russo não existia. Existia feminismo e existia punk, mas não feminismo punk. A menos de um dia para a palestra, **havia apenas uma única solução possível: inventar o feminismo punk. Assim teríamos algo de que falar.**

Nossa primeira música foi "Kill the Sexist" [Morte ao sexista], composta em outubro de 2011.

KILL THE SEXIST (ORIGINAL EM RUSSO)

Morte ao sexista
Você está cansada de meias rançosas,
As meias rançosas do seu pai.
O seu marido vai usar meias rançosas,
A vida toda ele vai usar meias rançosas.
Sua mãe está até o pescoço de pratos sujos
Pratos sujos e comida rançosa.
Ela esfrega o chão
Gorduroso como um frango que fritou demais.
Ela mora na prisão.
E lava bacias podres.
Não existe liberdade na prisão.
Uma vida infernal, dominação masculina:
Vá para as ruas e liberte as mulheres!
Cheire você mesmo as próprias meias
e não se esqueça de coçar a bunda.
Podem arrotar, vomitar, fazer a merda que for
Vamos viver felizes como lésbicas!
Sintam inveja do pênis vocês mesmos
Do pau comprido dos seus amiguinhos de boteco,
Do pau comprido dos filmes pornô,
Até essa merda toda explodir.
Seja feminista, seja feminista.
Paz no mundo, fim para os homens.
Seja feminista, destrua o sexista.
Morte ao sexista, acabe com ele!
Seja feminista, destrua o sexista.
Morte ao sexista, acabe com dele!

Como não tínhamos nenhum instrumento musical, pegamos um *sample* de uma música ["I'm not a fool", do Cockney Rejects] do estilo streetpunk oi! inglês e reproduzimos em sequência. Para gravar os vocais, usamos um ditafone e nos trancamos no banheiro, mas o pai da Kat nos expulsou. Então saímos para gravar. Era outono, três da manhã, e estava chovendo. Encontramos abrigo no pequeno salão de jogos do playground, com a cabeça encostando no teto. Um bando de caras chapados estava sentado em um banco próximo.

Nesse momento, os versos "Você está cansada de meias ranços... Vamos viver felizes como lésbicas!" saíram de dentro do salão.

Alguns dos chapados colocaram o nariz na janela.

"Meninas, o que vocês fumaram? Nós também estamos chapados, mas não tanto quanto vocês. Podem dividir com a gente?"

"Deixa a gente em paz. Estamos ocupadas."

O Pussy Riot começou a ensaiar no porão de uma igreja em Moscou, no outono de 2011, mas o lugar estava em obras. Queríamos gravar as músicas e estávamos cercadas de pedreiros com britadeiras.

Ensaiamos exaustivamente uma apresentação durante muito tempo. Ao contrário dos grupos de punk que tocam em casas noturnas, nós, além de criar a parte musical, também montávamos e desmontávamos o equipamento o mais rápido possível. Não apenas praticávamos as músicas, mas também tentávamos aprender a continuar tocando e cantando toda vez que seguranças ou policiais agarravam nossas pernas para nos levar.

O tempo passou e a reforma do porão da igreja foi concluída. A igreja decidiu alugá-lo para uma loja, e acabamos na rua. Fomos ensaiar em uma passagem de pedestres da qual vivíamos sendo expulsas.

Porém, depois de alguns meses, veio o inverno rigoroso e ficou impossível ensaiar em ambientes externos. Assim, passamos a ensaiar em uma fábrica de pneus abandonada. Lá passamos todos os dias das férias de Ano-Novo, a partir de 1º de janeiro de 2012, quando o país ainda estava de ressaca da virada e os parlamentares tomavam banho de sol em Miami. Os seguranças na entrada da fábrica sempre nos perguntavam a mesma coisa: "Por que não ficam em casa, meninas?".

"Por que deveríamos ficar em casa?", perguntava Kat, surpresa.

"Para fazer sopa e tortas."

Depois de ouvir em resposta às suas perguntas algumas aulas sobre a história do movimento feminista, os guardas optaram por não falar mais conosco e simplesmente nos deixaram entrar sem dizer mais nada. Exatamente o que queríamos.

Naquela época, os jornalistas ficaram ligeiramente intimidados conosco. O *Moscow News* escreveu:

> Encontrar o Pussy Riot não é fácil. As cantoras não nos dão seus números de telefone e mudam constantemente o local do ensaio. Consegui contato com elas pela internet. Marcamos um encontro perto de uma estação de metrô. Na hora marcada, fui abordado por um jovem alto que não quis se identificar e me indicou silenciosamente o caminho que deveria seguir. Poucos instantes depois, passamos por um beco e descemos até chegar a um porão em ruínas. Uma única lâmpada iluminava a sala e, sob ela, havia duas jovens mascaradas com meias brilhantes e vestidos curtos.

(!)

Quanto custa organizar um show do Pussy Riot? Nada. Um amigo punk nos empresta o equipamento – microfone, cabos, amplificador, guitarra –; as amigas que gostam de coisas coloridas nos emprestam os vestidos, as meias e os gorros. Pedimos a amigos jornalistas que façam os vídeos e as fotos dos shows. Para editar os vídeos, baixamos um programa pirateado e fazemos o trabalho por conta própria. As despesas com alimentos se resumem a pão e a uma garrafa de água. É sempre recomendável levar algo para comer quando vamos tocar, caso passemos a noite trancafiadas em uma delegacia.

Por uma ninharia, conseguimos alto-falantes razoavelmente potentes que forramos com papel-alumínio rasgado no supermercado e acomodamos em caixas.

Usamos uma bateria de carro para a energia dos alto-falantes. Uma vez, a caminho de uma apresentação, senti algo escorrer pelas costas. Notei também que algo estava queimando. Era a mochila. Um ácido que vazava da bateria fez com que a base emborrachada da mochila derretesse. Não havia nada que eu pudesse fazer: como não tinha como jogar a bateria fora, segui em frente, sentindo o líquido escorrer devagar pelas costas da mochila até a calcinha.

Não demorei a perceber que, quando uso máscara, sinto-me um pouco como uma super-heroína, talvez mais poderosa. Eu me sinto bastante corajosa, como se pudesse fazer tudo que me propuser e transformar as coisas. Brincamos de ser super-heroínas como Batgirl ou Mulher-Maravilha, dispostas a salvar nosso país dos vilões, mas rachamos de rir quando nos vemos: de rosto coberto por um gorro mijado por um gato, com fendas estreitas para os olhos; tocando uma guitarra pifada; e usando um sistema de áudio movido a uma bateria caseira que não para de vazar ácido.

No entanto, quando coloquei a balaclava — sensação fantástica que tive quando me apresentei pela primeira vez —, entendi que aquilo poderia ser felicidade, entre outras coisas. A partir de um determinado momento, você realmente começa a curtir.

Conselhos básicos para começar uma banda punk feminista política

O artista, assim como o filósofo, é um viciado em pensamento crítico. E o artista sabe (supostamente) como transformar os resultados de sua atividade analítica em formas culturais.

Algumas pessoas se inspiram exatamente nas coisas do Pussy Riot que irritam outras: o jeito direto, a franqueza e um amadorismo desavergonhado. Você acha nossa música uma merda? Pois bem, você tem razão. Aderimos conscientemente ao conceito de música ruim, textos ruins e rimas ruins. Nem todas nós estudamos música, e a qualidade da nossa performance nunca foi uma prioridade. A essência do punk é uma explosão, uma descarga máxima da energia criativa que não requer nenhuma técnica em particular.

Mas por que as cores vivas? Por um motivo bem bobo: nós simplesmente não queríamos que as pessoas nos confundissem com terroristas que usam balaclavas pretas. **Não queríamos assustar as pessoas; queríamos fazer algo divertido, então nos vestimos como palhaças.**

HERÓIS

D. A. Prigov

Eu me refiro a D. A. Prigov como padrinho do Pussy Riot. Ou, possivelmente, fada madrinha. D. A. Prigov não ligava para definições. O contrário também é verdadeiro: ele gostava de definições, mas apenas para fazer malabarismos com elas.

Quando alguém o chamava de pintor, ele dizia: "Não, não, não, eu sou poeta!". Quando o chamavam de poeta, respondia: "Você pode ter entendido mal. Sou um escultor!". E, se alguém se referisse a ele como escultor, dizia ser músico. De fato, em um dado momento, ele passou a tocar em uma banda, buscando escapar de suas definições anteriores. Foi assim que fundou uma banda falsa de arte contemporânea chamada Central Russian Upland (quando o Pussy Riot começou a fazer apresentações ilegais na rua, pegamos um microfone dessa banda emprestado – foi uma grande bênção). D. A. Prigov foi ainda performer, escrevia ficção e não ficção e era colunista político, além de ter trabalhado com videoarte. Também atuou em filmes.

D. A. Prigov criou a si mesmo como um projeto de arte conceitual. Ele refletia com cuidado e buscava originalidade em tudo que realizava. Sua vida como um todo era seu projeto. De certa forma, um projeto de faça-você-mesmo. Construir a própria vida como um projeto de arte requer muita autorreflexão e uma capacidade excepcional de autocontrole. D. A. Prigov conseguiu fazer isso. A cultura do faça-você-mesmo não quer dizer pegar leve consigo mesmo, muito pelo contrário: supõe exigir bastante de si mesmo. "Siga sempre os seus próprios axiomas", diria ele.

No início dos anos 1990, ele se propôs a escrever 24 mil poemas até o ano 2000 porque queria produzir um poema para cada mês dos 2 mil anos seguintes. Prigov calculou quantos poemas precisaria escrever por dia e seguiu religiosamente seu plano. Não deixou de cumprir a rotina nenhum dia sequer. E o que você acha que aconteceu? Ele conseguiu! Siga sempre os seus próprios axiomas.

Ninguém se refere a Dmitri Aleksandrovich Prigov apenas pelo seu primeiro e último nome. Ele sempre quis que as pessoas usassem seu nome do meio, Aleksandrovich, com seu primeiro nome. Tratou toda a sua vida como uma obra de arte: seu projeto foi Dmitri Aleksandrovich Prigov.

Quando eu tinha catorze anos, D. A. Prigov veio à minha pequena cidade natal dar uma conferência em um festival em que as suas obras seriam expostas. O evento incluiu um vídeo em que ele conversava com um gato, tentando fazer o animal dizer "RÚSSIA". Se você quiser saber o que penso a respeito, creio que se trata de uma crítica brilhante do excepcionalismo e do imperialismo russo, que tudo invade. Na Rússia, "a cozinha nacionalista", como nós chamamos o excepcionalismo russo, é inteeeensa.

Outro vídeo de D. A. Prigov também estava sendo exibido: "Um policial e o povo moldando a nova face da Rússia". Nele, um policial e um homem seminu aparecem sovando a massa. O registro foi feito durante o primeiro mandato presidencial de Vladimir Putin, quando este tentava descobrir como lidar com todo o poder que havia recebido de repente. Putin e seu círculo experimentaram diferentes rostos para a nova Rússia, mas o mais fácil, sem dúvida, foi o da volta ao imperialismo neossoviético e ao Estado policial da Guerra Fria.

Em sua conferência, D. A. Prigov leu um poema de Púchkin. Como Púchkin não gostava do uso regular de sua obra pelo aparato ideológico opressor do Estado, ele era ovacionado pela esquerda como a voz mais brilhante e o verdadeiro sol da poesia russa desde os tempos soviéticos. Compreensivelmente, quando a gente ouve algo assim sobre o sol e tal, tem vontade de vomitar, sobretudo se passamos a infância aprendendo sobre a poesia desse sol na escola. Porém, quando D. A. Prigov começou a ler o poema de Púchkin, foi difícil reconhecer o doce poeta: ele o recitou como se fosse um mantra budista, em estilos chineses, muçulmanos, ortodoxos cristãos, cantando e gritando como uma estranha criatura mágica. Era um Púchkin totalmente novo.

Conheci D. A. Prigov pessoalmente alguns anos depois, quando ele tinha 64 anos e eu dezessete. Foi um momento importante para mim. Quis ser aprendiz dele, esfregar o chão, o que fosse para estar por perto. Pedi a ele que me desse conselhos. "Não viva na mentira", respondeu. Mais tarde, na prisão, enquanto eu lia literatura sobre dissidência, descobri que essas palavras não eram originalmente de D. A. Prigov, mas de Václav Havel. Mas eu não sabia de tudo isso quando tinha dezessete anos. Fiquei tão feliz em ouvir "Não viva na mentira" de Prigov que enchi a cara imediatamente, li o Livro do Apocalipse em voz alta até cair no chão e pegar no sono na neve.

Seis meses depois, concordamos em fazer uma performance juntos. Alguns colegas performers e eu tínhamos o plano de levar D. A. Prigov, sentado dentro de uma plataforma lendo seus poemas, até o vigésimo andar de um prédio. A ideia era fazer isso com nossas mãos, subindo as escadas. Faça-você-mesmo em ação. O que queríamos dizer com isso é que um artista não deveria ficar jogado no sofá, mas trabalhar mais do que todo mundo, inclusive em tarefas manuais difíceis. D. A. Prigov escreveu um texto profético fantástico sobre uma nova geração de artistas que o levaria de volta ao céu e então morreu. Morreu no caminho para a nossa performance. De ataque cardíaco.

REGRA Nº 3

RECUPERE A ALEGRIA

Sorria como um ato de resistência. Sorria e diga foda—se ao mesmo tempo. Ria na cara dos seus carcereiros. Convença seu carrasco a acreditar no que você acredita. Faça amizade com os funcionários da prisão. Conquiste o coração de quem apoia os vilões. Convença os policiais de que eles deveriam estar do seu lado. Quando o exército se recusa a atirar na multidão de manifestantes, a revolução vence.

Nós viveremos de amor e riso
Nós, que agora valemos tão pouco.
E não vamos nos arrepender do preço que temos que pagar.
RALPH CHAPLIN, "Commonwealth of Toil"
[Comunidade da labuta], 1918 (para os *wobblies*,
trabalhadores industriais do mundo).

Nada é mais importante do que o riso. Rir e relaxar, ser leve.
A tragédia é a coisa mais ridícula que existe.
FRIDA KAHLO

Viveremos de amor e riso

Este capítulo é dedicado a todos os prazeres, tanto terrenos quanto de outros mundos. A alegria é meu capital máximo, mas reside em mim, e não em um banco. O que me dá alegria é minha arte, um cabaré político bárbaro e primitivo. Ainda que não pareça tão festiva, ela me faz feliz. Encontrei alegria mesmo na prisão, brevemente e em segredo.

(!)

É fácil identificar os seus algozes quando você está na prisão, mais do que quando você vive confortavelmente em liberdade. Mas existem algozes por toda parte mesmo assim. São eles que presidem um sistema que sobrecarrega os estudantes com trilhões em dívidas e concede incentivos fiscais aos bilionários. São eles que vendem terras públicas e exploram reservas naturais. Asseguram-se de que o 1% continue rico e os 99% permaneçam mais ou menos pobres. Dão início a guerras e tornam as cidades inóspitas. Ah, a política.

Denuncie os poderosos e regozije-se quando eles forem derrubados. Resista e sorria com convicção.

Ao contrário da crença popular, a luta política não é algo maçante. Não é algo que a gente faça com uma cara triste durante cinco minutos por semana, afastando-se dela assim que possível. A política é como escovar os dentes logo de manhã – algo que temos que fazer, mas não é uma coisa superprazerosa.

As pessoas acreditam que realizamos ações políticas como se estivéssemos indo trabalhar em um escritório chato, que depois descansamos e aí começa a vida real. Na verdade, é exatamente o contrário. Só precisamos encontrar uma maneira de reconhecer a imensurável alegria de unir forças. Às vezes me preocupo comigo mesma, temendo estar viciada nesse envolvimento coletivo. A verdade é que o ativismo se tornou meu vício.

Dadá

O dadá é a manifestação jocosa do absurdo da melancolia política. "O absurdo não me aterroriza", disse Tristan Tzara, filósofo dadaísta, em 1922, na "Conferência sobre o Dadá", "pois, de um ponto de vista mais exaltado, tudo na vida me parece absurdo".

Os dadaístas viveram em uma época estranha: o período entreguerras. A Primeira Guerra Mundial tinha acabado de acontecer. Desde a Revolução Industrial, o Ocidente estava obcecado com a ideia de progresso. O progresso havia tomado o lugar de Deus. Mas, depois da Primeira Guerra Mundial, tudo ficou muito confuso. Havia jornadas de dezesseis horas por dia, as crianças trabalhavam em fábricas tóxicas e perdiam os olhos e as mãos, só para produzir mais armas para as pessoas se matarem. Não foi um momento agradável, e muitas pessoas se sentiram enganadas.

Os artistas que fundaram o movimento dadaísta sentiam ódio do filistinismo e da idolatria à mecânica e ao progresso. O período após a Primeira Guerra Mundial e antes da ascensão de Hitler na Alemanha foi turbulento, perigoso e complexo. Eles sabiam que algo estava sendo gestado no horizonte.

A verdadeira arte é um sonho tão obscuro que é confuso contá-lo até mesmo para o psicanalista. Com colagens, *ready--mades* e performances, o dadaísmo fez uma grande salada a partir da consciência pública.

Não se trata apenas de política. Sempre se trata de mais do que política, sobretudo quando falamos de arte. O dadaísmo também tinha relação com a nova física não linear. Era uma reação ao fracasso do modelo newtoniano de mundo.

Newton havia descrito o mundo de forma idealizada, mas que parecia não dar conta de um número cada vez maior de perguntas sobre a natureza da realidade. Em particular, ele se perguntava se a luz era partícula ou onda. As pessoas estavam confusas. Por fim, descobriu-se que a luz pode ser partícula *e* onda. *Sério?* A novidade de que o átomo não é realmente a unidade mínima do Universo, nem a partícula mais simples do mundo, veio à tona. Com o tempo, todas essas descobertas da física deram origem à mecânica quântica, à teoria das cordas e assim por diante.

Os dadaístas rejeitavam a realidade e a lógica da sociedade supermodernista. A vida desmoronava diante de seus olhos, de modo que se lançaram nos braços do absurdo e do desvario, fazendo colagens lúdicas, instalações de arte sonora, esculturas e coisas do gênero.

Conta-se que Lênin, durante o período que passou em Zurique, frequentou o Cabaret Voltaire, casa noturna de artistas na qual o dadaísmo começou. Há relatos de que morava em um apartamento próximo, onde bolava seus planos revolucionários para a Rússia, e de vez em quando passava pela casa noturna para jogar xadrez.

O que empolga tanto no dadaísmo? A coragem artística, a liberdade, a introdução de novas técnicas não apenas para fazer arte, mas possivelmente também para pensar o próprio mundo. Alguns anos atrás, houve um grande rebuliço em torno de técnicas pós-modernistas na literatura, do hipertexto e da "morte do autor" pensada por Roland Barthes, mas sinto que os dadaístas já tinham proposto esse método há muito tempo, como artistas conceituais precursores.

Os dadaístas usaram tesoura e cola em vez de pincéis e tintas para expressar suas ideias acerca da vida moderna por meio de imagens provenientes da mídia. A técnica de colagem dadaísta me parece belíssima, subversiva, divertida, sedutora, instigante. Ela se baseia na compilação de objetos *ready-made* e pode alegar que *simplesmente reflete a realidade*. Porém, como geralmente acontece com todo processo de compilação ou classificação, os metadados (um conjunto de dados que descrevem e fornecem informações sobre outros dados) trazem muito mais informações sobre as intenções e o estado de espírito de quem os reúne do que os dados em si.

Sou entusiasta das classificações artísticas da realidade, já que seu grau de absurdo e insanidade revela o simples fato de que todo processo de ordenação é tendencioso desde o início. A colagem, como tentativa artística de classificação aleatória das informações, nos ajuda a evitar normalizar e a evitar tomar como certas outras classificações estúpidas, como "comportamento masculino" e "comportamento feminino", "mundo livre" e "mundo não livre", "educados" e "ignorantes".

A técnica de recortes lembra a de colagens, mas é feita com palavras, e não com imagens. É uma técnica que o Pussy Riot usa bastante. Quando decidimos ter uma banda, odiávamos a ideia de escrever poesia (suspeitávamos do gênero porque viemos da arte conceitual), mas ainda assim tínhamos que criar letras para nossas músicas. Acabamos compondo as letras a partir de citações de nossos filósofos favoritos e de manchetes jornalísticas.

Tristan Tzara descreve essa técnica de recortes em *Dadá Manifesto sobre o amor débil e o amor amargo* (1920):

Para fazer um poema dadaísta

Pegue um jornal.
Pegue uma tesoura.

Escolha no jornal um artigo que tenha
o tamanho que você queira dar ao seu poema.
Recorte o artigo.
Em seguida, recorte cuidadosamente cada uma das palavras
que compõem este artigo e coloque-as todas em uma sacola.
Agite suavemente.
Em seguida, retire cada recorte, um por um.
Copie as palavras conscientemente,
na ordem em que forem saindo da sacola.
O poema vai se parecer com você.
E pronto – você terá se tornado um escritor
infinitamente original,
dotado de uma sensibilidade encantadora,
ainda que incompreendido pela maioria vulgar.

Quando a vida estava de pernas para o ar, esses recortes representaram uma reação à sensação de alienação e desesperança. Como escreveu Hugo Ball em seu manifesto de 1916, "como podemos nos livrar de tudo que cheira a jornalismo, aos vermes, de tudo que é bom e correto, bitolado, moralista, europeizado, debilitado? Dizendo Dadá".

AÇÕES

O que acontece com o Pussy Riot? Por que estamos constantemente mudando nossos métodos e mídias? Shows ilegais, artigos e livros, discursos, desenhos, cartazes, videoclipes... O que mais? Não é nada além de uma diversificação das formas de protesto artístico em ação. O artista nem sempre faz o que se espera dele, mas escuta o tempo todo. Estou disposta a experimentar novas mídias e inevitavelmente fracassar, ser amadora, uma farsa como artista, musicista e atriz.

"Você e eu compartilhamos o mesmo rótulo de artistas contra o Estado", disse-me o artista e ativista Ai Weiwei certa vez.

"E tem outro: 'artistas farsantes'", acrescentei.

"Isso!", ele se empolgou. "Contra o Estado e farsante."

O Pussy Riot é formado por artistas conceituais, por isso podemos nos sentir mais livres para criar nossas canções do que a maioria dos músicos. De acordo com uma crença popular nesse meio, é importante se ater a um gênero em particular. Não acho que eu tenha que fazer isso. Sempre que vou gravar algo novo, alguém me pergunta: "O que você quer fazer?". Digo que quero fazer algo que nunca fiz antes. Hoje podemos fazer uma música influenciada por The Chordettes, amanhã hard rock e no dia seguinte uma balada de piano clássico. As músicas deveriam ser tão diferentes umas das outras que as pessoas nem acreditariam que foram feitas pelo mesmo artista. Essa é a liberdade que a arte conceitual dá a alguém, quando não liga tanto para a técnica. "Posso ou não fazer isso?" Essa questão simplesmente não é relevante. Se quiser, pode. E essa liberdade plena é uma fonte de alegria.

Se a juventude está unida

Mas não existe alegria maior do que ver sua voz e seu poder se ampliando e crescendo até se tornarem algo maior. A matemática dos movimentos das pessoas é estranha, fantástica e não linear: 1 voz + 1 voz + 1 voz podem equivaler a 3 vozes, mas 1 voz + 1 voz + 1 voz também podem equivaler a um paradigma social e cultural totalmente novo. Isso aconteceu na década de 1960 e também com o movimento Occupy Wall Street.

Como ativista, às vezes caio em depressão. O que me ajuda a sair desse poço de insegurança é realizar uma ação consistente. É como deixar de ser um sapo e se tornar um belo príncipe; deixar de ser uma ameba e virar uma guerreira. Quando você sobe em um telhado carregada de equipamentos musicais para tocar a música "Putin Has Pissed Himself" [Putin se mijou na calça], não tem mais tempo para foder com o próprio cérebro. Você pensa no público, na sua guitarra e tenta calcular quantos minutos tem antes que a polícia chegue. É uma sensação inestimável de alegria. É um orgasmo puro e divino, um momento de clareza sobrenatural, talvez até de clarividência.

Se tem algo que aprendi com as pessoas que passavam por situações realmente difíceis na vida — encarceramento, doença, pobreza —, é que elas costumam aprender melhor e mais rápido sobre o valor da alegria do que aquelas que vivem na "prosperidade". Já que a vida tem um ponto final, por que não eliminar o pesar e a tristeza dos minutos e das horas de que disponho? Lembro que isso faz todo sentido na prisão.

Agora meus amigos me dizem: "Você é uma menininha chorona e indefesa que não consegue fazer um telefonema sem reclamar da sua fobia de falar ao telefone. Como sobreviveu à prisão?". Pois bem. É bem fácil. Na prisão, simplesmente não existe a opção de ficar indefesa. O perigo é real: a luta é pela própria vida. Você luta pela própria vida com um sorriso no rosto. Ou recupera a alegria ou morre. Você pode morrer literalmente ou ficar enterrada na própria apatia. Para ser bem clara: se o governo quer que eu perca todos esses anos, ok, o que posso fazer? Compreendi cedo - mais ou menos aos catorze anos - que a vida humana é bastante curta. Por isso, não desejo simplesmente sobreviver: o que eu quero é viver. Nas palavras de Erich Fromm, prefiro ser a ter.

Assim, me comprometi a viver de maneira plena, mesmo estando na prisão. Era esse meu trabalho em tempo integral, embora não fosse fácil. Aproveitei mais os anos que passei presa do que teria aproveitado se estivesse livre. É preciso aprender mais, sentir mais, agir mais. Faça a diferença pra valer. A decisão é sua – se quer viver com intensidade, preencha a vida com paixão e detalhes belos. Se não for assim, nem vale a pena.

Não mentiria se dissesse que provavelmente tive as revelações mais importantes sobre a minha consciência, a cultura moderna, os relacionamentos humanos e as hierarquias de poder enquanto estava sentada na cela à espera do julgamento. Também descobri várias coisas sobre meu corpo fazendo flexões e alongamentos. Eu não sabia o que poderia acontecer comigo no dia seguinte. Encarava a ideia de passar sete anos em um campo de prisioneiros. Vivi cada dia como se fosse o último. Senti cada minuto da minha vida. Cada refeição, cada tigela de mingau, cada pedaço de pão. Tinha consciência de todos os processos que ocorriam no meu pensamento e no meu corpo, eu me esforcei para me equilibrar. Prometi a mim mesma que seria uma guerreira feliz.

Aprendi o que significa me importar e estar atenta. Pude me concentrar no verde das folhas por aproximadamente trinta minutos por dia o verão inteiro. Pude sentir a luz do sol que atravessava as grades da prisão por dez minutos várias vezes por semana. Fazia isso religiosamente toda vez que tinha a chance de ver o sol. Cheguei a chorar de alegria com a preciosidade e a beleza das gotas de chuva.

As luzes branco-azuladas da penitenciária estavam sempre acesas nas celas. À noite eles também deixam as luzes acesas: os guardas devem conseguir ver os prisioneiros, e os prisioneiros devem sempre lembrar que estão sendo vigiados. Uma vez por semana, era o turno de uma guarda amigável que secretamente apagava a luz da nossa cela. Era um gesto inesperado de solidariedade, pelo qual ficávamos muito agradecidas. Olhávamos pela janela e víamos a prisao inteira iluminada – éramos as únicas que tinham o luxo da escuridão. Nunca em minha vida fui mais feliz do que nesses momentos. Aquele era um privilégio superior ao maior dos privilégios terrenos. E eu ficava sentada em uma cela com as luzes apagadas, celebrando o pôr do sol sem as lâmpadas brancas da prisão, abraçando a luz pálida dos fins de tarde de verão de Moscou. Ficávamos ali, paradas, *sem nos atrever a pronunciar nem uma palavra sequer*. Não queríamos interferir naquela magia estonteante – bebíamos a noite e a sutileza de seus semitons.

Todos os sistemas de poder se baseiam na suposição (que, é claro, tenta se passar por axioma) que, para ter alegria, precisamos pagar ou obedecer. O ato máximo de subversão, portanto, consiste em encontrar alegria na recusa a pagar e obedecer, vivendo com valores radicalmente distintos da norma. Não se trata de um ato de privação ou austeridade; não é um voto, é uma escolha que demonstra que a alegria transcende qualquer limite. E esse é o caminho que devemos percorrer, o modo de atrair a atenção das pessoas para o que estamos fazendo. No mais, quem se entusiasmaria com a política de austeridade?

Recupere a alegria do ato de resistência. Por alguma estranha razão, o ativismo político e a diversão ficaram separados por décadas. Isso se deve à profissionalização da política. Acredito que perdemos a conexão entre nossa existência, algo que nos toca pessoalmente, e a política. Veja o que estava acontecendo na década de 1960: sabíamos mobilizar conjuntamente a política e o que há de mais importante na existência humana. Talvez seja por isso que as políticas radicais tenham mudado tanto a estrutura política da época: aqueles seres humanos incríveis, corajosos e bonitos sabiam como viver com paixão, como tratar o ativismo político como o caso de amor mais excitante e prazeroso da vida.

Vai ser impossível mudar as coisas se ficarmos parados reclamando que a política é chata e que por isso não queremos nos envolver com ela. Cabe a nós reformular o que é política. Ocupá-la. Trazê-la de volta para as ruas, as casas noturnas, os bares, os parques. Nossa festa ainda não acabou.

HERÓIS

1968

Um período da história pode ser heroico? Tenho certeza de que sim. Havia algo no ar em 1968 que fez com que as pessoas usassem a imaginação para encontrar novas maneiras de fazer revolução. Fico arrepiada só de pensar naquele ano. As pessoas sabiam sonhar com justiça social, paz e oportunidades iguais. Surgiram coalizões entre sindicatos e movimentos de direitos civis na Rússia, na França, no Japão, no Egito, na Tchecoslováquia e nos Estados Unidos. As palavras e as ações estiveram unidas de maneiras novas e inventivas.

O mundo de hoje é fortemente influenciado pelos acontecimentos que ocorreram em 1968.

MAIO DE 1968, PARIS

No ano de 1968 todo mundo se deu conta de que era hora de se rebelar contra o mundo arcaico e conservador. As pessoas sentiam que a estética dominante, o regime político e os códigos culturais oficiais não os representavam mais.

Nesse ano, Charles de Gaulle era o presidente da França. Ele era um desses líderes paternalistas e patriarcais. As mulheres não podiam trabalhar usando calças. As senhoras casadas tinham que ter a permissão do marido para abrir uma conta bancária. O aborto era ilegal. A homossexualidade era considerada crime. Os trabalhadores não tinham direitos, e os descontentes podiam ser demitidos sumariamente. O sistema educacional era rígido e conservador. Havia apenas uma emissora de TV na França, e todas as informações estavam sujeitas à censura do governo.

Para os jovens da geração *baby boomer*, não bastava acreditar na utopia, que outro mundo é possível. O que queriam era experimentar a utopia, vivê-la.

Tudo começou como uma série de protestos e ocupações estudantis. Seus objetivos abrangiam uma constelação poliédrica de anticonsumismo, anarquismo, movimentos em prol da imaginação... Os estudantes ocuparam a Sorbonne e a declararam "universidade do povo".

Os estudantes se juntaram a trabalhadores que realizaram greves sem aviso prévio por todo o mapa econômico da França. Cerca de 11 milhões de trabalhadores participaram – um número alto, representando cerca de um quarto da população francesa da época. Foi a maior greve da história do país e durou duas semanas.

Em uma greve realizada sem aviso prévio, os trabalhadores saem do trabalho sem comunicar e muitas vezes sem autorização ou apoio do sindicato. Nesse sentido, não são "atos oficiais". (A propósito, "wildcat strike actions", como são conhecidas essas greves em inglês [em tradução literal, "greves de gato selvagem"], é o melhor nome, né?). Essa modalidade é considerada ilegal nos Estados Unidos desde 1935 (é claro). Em 1968, era a principal tática dos trabalhadores que protestavam.

As demandas dos trabalhadores eram sérias e estruturais. Eles queriam mudar o modo como as coisas funcionavam e eram governadas. Era uma agenda radical – não por melhores salários e condições, mas um plano para acabar com o governo de Gaulle e poder gerir as próprias fábricas. Quando a liderança sindical negociou um aumento dos salários mínimos em um terço, os trabalhadores que ocupavam as fábricas se recusaram a voltar ao trabalho. Não era suficiente. Era como se vender. Depois que os líderes sindicais chegaram ao acordo, os trabalhadores passaram a tratá-los como traidores e colaboracionistas.

Um artigo intitulado "O começo de uma era" (*Internationale Situationniste*, nº 12, setembro de 1969) proclama:

> A primeira grande greve geral a parar a economia de um país industrial avançado e a primeira greve geral sem aviso prévio da história; ocupações revolucionárias e os primórdios da democracia direta; o colapso cada vez maior do poder estatal por quase duas semanas... Essa foi a essência do movimento francês de Maio de 1968, e isso em si já constitui seu triunfo.

O artigo continua dizendo que 1968 reuniu todas as críticas às ideologias existentes e aos velhos costumes em uma única entidade holística. O ano marcou o início de um mundo novo: se todos, em qualquer lugar, podiam ter uma vida digna, o conceito de propriedade se tornava desnecessário. Nos espaços livres e abertos nos quais os participantes de 1968 se encontravam, houve um diálogo genuíno, a mais absoluta liberdade de expressão, uma comunidade real reunida pela luta comum.

(!)

Dé uma olhada nas palavras de ordem das páginas 68 e 69. Elas apareceram em pichações, músicas de protesto e cartazes durante os eventos revolucionários em Paris em 1968. Para mim, eles são a manifestação mais pura da consciência coletiva em estado de rebeldia, precisamente o tipo de ativismo em grupo que mais incomoda os regimes.

Quando tento formular o que para mim seria a perfeição na poesia, penso nessas palavras.

Elas são a) resultado de um esforço coletivo, b) ecléticas, feitas a partir de uma técnica de colagem, e c) anônimas. São altamente ambiciosas e questionam a própria base da sociedade vigente, mas não estão centradas nas ambições pessoais de ninguém. Jamais suspeitaríamos que fossem ditas com a intenção de *apenas parecer radicais* e, digamos, de vender camisetas (como hoje). Elas cheiram a revolução, com toda a sua insanidade e inefabilidade. Esse espírito não está à venda porque não cabe em números.

Outra coisa que me impressiona quando leio essas palavras de ordem é o quanto são íntegras e coerentes. Ainda que tenham sido criadas por diferentes autores, juntas formam uma obra de arte sólida e potente. Todo mundo sabe como é difícil escrever algo em colaboração, especialmente em grupos numerosos. A escrita coletiva corre o risco de destruir a alma artística de cada autor. Dê uma olhada nos monstros sem vida criados pela indústria do entretenimento. **As palavras de ordem de 1968 nos ensinam que existe outro tipo milagroso de escrita coletiva: quando todos os seus pensamentos estão genuinamente voltados para mudanças progressistas e poéticas na cultura, as multidões começam a escrever poemas de rua populares.**

Encontre três palavras de ordem que não pertencem a Maio de 1968 em Paris:

Апрещено запрещать

Que se abram os portões dos asilos, das prisões e das faculdades.

Music is my hot hot sex

A política está nas ruas.

Quem não tem imaginação não imagina o que lhe falta.

Sejamos realistas. Exijamos o impossível.

As barricadas fecham as ruas, mas abrem o caminho.

Todo poder à imaginação.

A insolência é a nova arma revolucionária.

A poesia está nas ruas.

O seu chefe precisa de você, você não precisa do seu chefe.

Declaro-me em estado permanente de felicidade.

Provas = servilismo, promoção social, sociedade hierárquica.

A felicidade não se compra: rouba-se.

Esqueça tudo o que ensinaram para você. Comece oonhando

Não me liberte — eu cuido disso.

Não reivindicaremos nada. Nós exigiremos nada. Tomaremos. Ocuparemos.

O tédio é contrarrevolucionário.

Todo poder corrompe, e o poder absoluto corrompe absolutamente.

Não implore pelo direito de viver — exerça-o.

Compro, logo existo.

A imaginação não é um presente.
Ela deve ser conquistada.

A ação não deve ser uma reação, mas uma criação.

A revolução é a passagem ativa do sonho para a realidade.

Nossa única esperança são os desesperados.

A felicidade é uma ideia nova.

Sob as pedras da calçada, está a praia.

Deixe que o povo sirva a si próprio.

A liberdade é o crime que contém todos os crimes. É a nossa arma máxima.

Quando passar por uma prova, responda com perguntas.

Teremos bons chefes quando cada um for seu próprio chefe.

будьте реалистами – требуйте невозможного.

Seu corpo é um campo de batalha.

Veja a resposta na página 272.

Apesar de toda a esperança que 1968 trouxe, durante os anos seguintes houve muitos acontecimentos que fizeram retroceder causas progressistas em todo o mundo. Basta pensar em algumas das mudanças nos governos... Nixon foi eleito nesse mesmo ano e novamente em 1972. O Presidente Allende foi deposto e assassinado no Chile em 1973, houve o golpe da direita na Argentina em 1976 e a eleição de Margaret Thatcher em 1979. Mais adiante, Reagan (1980 e 1984), os Bush (1988, 2000 e 2004) e, claro, Putin (2000 e 2012) e Trump (2016).

Chris Hedges diz neste livro que Nixon foi o último presidente liberal dos Estados Unidos (ver páginas 202-ss). O argumento de Chris é que nada muda sem que as pessoas façam pressão. Emmeline Pankhurst lança mão do mesmo argumento (ver páginas 160-ss). Trata-se de um fato universal. Pergunte a César Chávez e a Dolores Huerta, ao Dr. Martin Luther King Jr., a W. E. B. Du Bois ou a Margaret Sanger.

É preciso fazer pressão constantemente, porque os poderes contrários são muito fortes e não estão acostumados a perder. Mesmo que a sociedade tenha melhorado – em muitos casos, graças a 1968 (o racismo é ilegal, os direitos de voto são protegidos, a liberdade de expressão é consagrada na lei) –, o movimento para fazer com que a sociedade volte ao que era por volta de 1868 tem ganhado impulso. (Na verdade, para meados de 1862, pouco antes da Proclamação da Emancipação de Lincoln.)

É por isso que temos que nos lembrar de 1968, cinquenta anos depois. Nada do que se conquistou está plenamente assegurado.

O impacto mais duradouro das conquistas de Maio de 1968 foi a crença generalizada de que, se o governo se fizer de surdo para as demandas do povo, o povo tem o direito e a obrigação de se fazer ouvir. Isso aconteceu em Paris; aconteceu na Tchecoslováquia na Primavera de Praga, quando as pessoas tomaram as ruas para apoiar as reformas do governo e se depararam com uma invasão soviética em grande escala. Isso aconteceu em *campi* universitários estadunidenses com protestos contra a Guerra do Vietnã e em Chicago, quando a polícia e a Guarda Nacional foram enviadas para reprimir manifestantes na Convenção Nacional Democrata. Aconteceu em Tóquio, em Berlim e na Cidade do México. As circunstâncias podem mudar, mas ainda existe uma chama latente prestes a arder no mundo, tal como em 1968. Só precisamos acender a tocha...

REGRA Nº 4

FAÇA O GOVERNO CAGAR NAS CALÇAS

Aqueles que detêm o poder precisam viver com medo. Com medo do povo. Apresento a vocês as personagens principais deste capítulo: o poder, a coragem, o riso, a alegria, os valores e o risco. As personagens principais também podem ser a inspiração, a justiça, a luta, os hereges, as bruxas, a dignidade, a fé, as máscaras e as travessuras.

Pense em como eram as coisas há 120 anos, quando os trabalhadores deste país eram forçados a trabalhar sete dias por semana, catorze horas por dia... Pense nas crianças — de dez, onze anos de idade, perdendo dedos nas fábricas, e no que o povo trabalhador deste país disse a respeito: "Desculpe, somos seres humanos. Não somos burros de carga. Vamos formar sindicatos e negociar contratos".
BERNIE SANDERS, discurso em Carson, Califórnia, 17 de maio de 2016.

É por isso que é importante lembrar que o New Deal não foi apenas um presente das elites bondosas, mas que essas elites também estavam sob enorme pressão popular.
NAOMI KLEIN, citada no *Huffington Post*, 3 de dezembro de 2008.

Questione o *status quo*

O seu trabalho é fazer perguntas incômodas.

Sócrates fazia isso. Ele era uma estranha criatura barbuda que se aproximava das pessoas na rua para perguntar: "O que é vida? O que é dignidade? O que é amor?". Ainda que não houvesse nada de mau nessas perguntas, o governo não achava graça nas coisas do filósofo. **O governo raramente aprova essa atividade perigosa e subversiva chamada pensamento.** Ele sempre se sente desconfiado quando alguém se comporta como uma pessoa livre. Pois assim foi com Sócrates, que acabou sendo condenado à morte e forçado a beber veneno.

As perguntas simples são poderosas. Caro Sr. Presidente, já que o senhor é tão poderoso, rico e inteligente, por que o povo está vivendo na pobreza? Por que a neve da minha cidade natal é escura? Os jornalistas que denunciaram a poluição merecem ser espancados até a morte?

O objetivo do governo é fazer você acreditar que é do seu interesse manter o *status quo*. O seu objetivo é assustá-los. Obrigue o governo a compartilhar com você o que ele detém – poder, capital e controle dos recursos naturais.

As elites não gostam da resistência. Diante dela, reagem irritadas e vingativas. Ao não aceitarmos suas regras, causamos-lhes um dano maior do que a sua vingança nos causa, já que todo mundo começa a perceber que o rei está nu.

Precisamos reivindicar a linguagem e os ideais que o governo nos tomou. Os governantes dizem ser "os verdadeiros patriotas", mas mentem, trapaceiam e roubam. Dizem se importar com a religião, mas burlam todos os mandamentos. Dizem representar o povo, mas se importam apenas com sua própria riqueza. Julgam, condenam e matam. Como observa Timothy Snyder, historiador e professor de Yale, "é importante que as pessoas saibam que o autoritarismo, apesar de se apropriar de todos os símbolos nacionais, não é patriotismo".

O Pussy Riot começou a fazer punk político porque nosso sistema estatal era rígido, fechado e dominado por castas. Na Rússia, a política atual é ditada pelos interesses corporativos de um punhado de funcionários, a tal ponto que até o ar que respiramos está viciado, fazendo-nos sentir como se nossa pele tivesse sido arrancada.

Estávamos em busca de algo que fosse sincero e simples de verdade, e foi isso que encontramos em nossa atitude punk. A paixão, a franqueza e a ingenuidade são superiores à hipocrisia, à enganação e à falsa modéstia. Sempre será melhor seguir pela vida com uma liberdade infantil e anárquica. É essa liberdade que devemos levar para as ruas e para as empoeiradas celas de prisão. É possível chegar à verdade com humor, palhaçadas e irreverência. Ainda que muitas pessoas afirmem possuir a verdade, ela tem muitas faces. **Desafie a versão da verdade do seu governo, conte a sua própria verdade e, se puder, diga que se danem as consequências.**

AÇÕES

Nada de conversa fiada

Olhamos ao redor e não vemos ninguém disposto a se sacrificar, a ser humilde, a ser agressivo e lutar, essa combinação de estados opostos e extremos de ação, sem os quais os seres humanos pouco diferiam dos vermes. Examinamos o mundo da arte, no qual eu esperava encontrar o desvario e a busca pelo absoluto, mas encontramos centenas de pessoas levando uma vida confortável, que não sabiam fazer nada além de posar de boêmios sem serem boêmios de verdade (isso se medirmos a autenticidade dos boêmios pelo grau de dissenso interno, sua angústia e a nitidez com que percebem a realidade).

Como o que procurávamos não existia, buscamos criar algo que pudesse ter pelo menos algo em comum com o que buscávamos no mundo da arte.

A seguir, conto algumas das primeiras ações que realizamos.

ASSALTO À CASA BRANCA, 7 DE NOVEMBRO DE 2008
Local: Casa Branca de Moscou
Tamanho da caveira projetada na Casa Branca
de Moscou: 60 × 40 metros

Também temos uma Casa Branca na Rússia, localizada às margens do rio Moscou. Em 2008, Putin, então primeiro-ministro russo, controlava a Casa Branca, sede do governo do país. Foi então que bolamos um plano. No Dia da Revolução, 7 de novembro, faríamos uma projeção a laser de um Jolly Roger [a caveira das bandeiras piratas] gigante, de sessenta por quarenta metros, na Casa Branca, enquanto parte do nosso grupo invadiria o local, escalando a cerca de seis metros de altura que o circunda.

Aprendemos a fugir da polícia rolando debaixo de um carro em três segundos. Conseguíamos pular em caçambas de lixo enquanto corríamos e nos esconder dentro delas com um único movimento. Estávamos prontos para a eventualidade de sermos atingidos por uma descarga de alta voltagem quando subíssemos a cerca de seis metros da Casa Branca.

Por volta de oito horas antes do ato, soubemos que a maioria dos participantes tinha desistido. Uma das pessoas teve diarreia; outra estava menstruada. Alguém do grupo foi encontrado bêbado. Tivemos que recrutar pessoas para substituir aqueles que tinham dado para trás. Formamos grupos e começamos a vasculhar a cidade.

Convidei alunos de uma escola de arte contemporânea, a Escola de Fotografia e Multimídia Rodchenko. Foi a primeira vez em que estive lá. Abordei um grupo de estudantes que tomava chá nas escadas.

"Quem quer invadir a Casa Branca hoje com a gente?"

"O que precisamos fazer?"

"Vamos projetar uma caveira pirata na fachada, depois escalar a cerca para entrar."

"A administração está ciente?", perguntou uma aluna.

"Claro que não. Essa é a ideia."

Os estudantes ficaram em silêncio e continuaram a beber chá. Coloquei meu casaco e caminhei até a porta.

"Vou com você. Quando e onde nos encontramos?", disse um deles, aproximando-se de repente de mim. Seus passos lépidos, como os de um animal selvagem, revelaram se tratar de alguém que tinha preparo físico e resistência.

"Vem comigo agora."

Saímos da Escola Rodchenko juntos. O cara se chamava Roma, mas, naquela noite, demos a ele um novo nome: Bomber. Ele foi uma das únicas três pessoas que conseguiram pular a cerca de seis metros de altura naquela noite e desaparecer com sucesso em meio a pátios e praças de Moscou.

Às quatro da manhã, a fachada escura da Casa Branca da Rússia foi inundada por raios verdes disparados do telhado do Hotel Ukraina, em frente à Casa Branca, do outro lado do rio Moscou, e a imagem da bandeira pirata apareceu projetada no prédio. Nossa tropa de choque correu pela entrada do parlamento e, depois de pular de uma altura de seis metros, fugiu do local.

Vários minutos depois, os seguranças brutamontes do governo ocuparam os terrenos da Casa Branca, rastreando a vizinhança com holofotes de longo alcance, ao mesmo tempo que dezenas de fachos de luz se movimentavam ao redor do prédio.

FECHAMENTO DO RESTAURANTE FASCISTA OPRICHNIK, DEZEMBRO DE 2008
Local: restaurante Oprichnik, em Moscou, pertencente ao jornalista Mikhail Leontyev, pró-Putin e ultraconservador

Desde que o restaurante Oprichnik abriu as portas em Moscou, imediatamente nos propusemos a fechá-lo soldando a porta da frente com uma placa de metal. Por quê?

No século XVI, Ivan, o Terrível, usou a *Opríchnina* para promover suas políticas na Rússia, o que significa que esfaqueou, esquartejou, enforcou e derramou água fervente em seus inimigos. Para isso, Ivan e seus *oprichniks* [membros da guarda, também conhecidos como Tropa Satânica] usavam frigideiras, fornos, pinças e cordas. Esse reinado de terror ficou conhecido como *Opríchnina*.

Na Rússia, chamar um restaurante de Oprichnik é como dar o nome de Auschwitz a uma casa noturna na Alemanha.

Assim, começamos a praticar a soldagem de portas nos becos dos arredores do Parque da Vitória, em Moscou. A cada dia, um grupo de pessoas aprendia a soldar no frio gélido de dezembro, em meio a garagens e nevascas.

Nosso coletivo ativista se dividiu em dois grupos. O primeiro era formado por operários da indústria. Estávamos encarregados do trabalho físico: encontrar uma enorme pilha de metal e soldá-la na porta do restaurante. Contávamos com uma ampla variedade de cidadãos engajados: anarquistas, social-democratas, feministas, defensores dos direitos dos transexuais e qualquer um que simplesmente compartilhasse de nossa irritação generalizada com Vladimir Putin. Por mais estranho que pareça, anos depois, descobri que um desses ativistas anti-Putin era na verdade secretamente superconservador, e o motivo de sua desaprovação era que Putin não parecia rigoroso o suficiente para ele. Enfim, são merdas que acontecem.

O segundo grupo se dedicava a práticas de distração. Sua função seria entrar no restaurante e se fazer passar por uma turma de bêbados para atrair a atenção dos funcionários da segurança. Como a ação estava prevista para acontecer no final de dezembro, perto da véspera de Ano-Novo, eles estariam vestidos com fantasias de coelhinho, gatinho e papai-noel. Ensaiamos uma música que o grupo começaria a cantar quando a soldagem começasse. Tinham que cantar bem alto; do contrário, os seguranças ouviriam o barulho e impediriam a ação.

Finalmente, um outro ativista, importante organizador das paradas LGBTQ em Moscou, devia ficar na esquina da rua, perto do restaurante, para entregar adesivos sobre questões LGBTQ aos transeuntes. Sua missão era distrair possíveis oficiais da polícia secreta ou da não tão secreta.

Você acredita que deu certo? Fechamos aquele restaurante vergonhoso. Voltamos lá após a ação, à noite, depois de algumas horas, para dar uma olhada nos funcionários tentando arrancar a folha de metal soldada da porta.

Agora o restaurante não existe mais. Às vezes ando por aquela rua e me pergunto se nossa ação teve ou não a ver com isso.

Arte em ação

O espaço urbano é altamente subestimado como local para expor obras de arte. O metrô, os trólebus, os mostradores de lojas, a Praça Vermelha. Onde mais encontraríamos palcos tão coloridos e espetaculares?

Estreamos com uma excursão pelo transporte público. Descobrimos que os melhores períodos para se apresentar no transporte público são os horários de pico da manhã e da noite. Tocávamos sob as arcadas do metrô soviético e em cima dos trólebus. Com todos os equipamentos (guitarras, suportes de microfone, amplificadores) a tiracolo, subíamos os andaimes que tinham sido montados para a troca das lâmpadas no meio das estações de metrô.

No meio de uma música, eu costumava rasgar um travesseiro e as penas voavam pela estação do metrô, levadas pelas correntes de ar que acompanham os trens nos túneis subterrâneos. Então eu tirava um lança-confetes preso à calcinha (onde mais daria para guardar algo que precisasse ser retirado rapidamente durante uma apresentação sem ter de vasculhar a mochila?) e disparava. Uma camada de papel colorido metalizado cobria os passageiros atordoados, que nos filmavam com os celulares e apontavam para nós. Após quase todas as apresentações, éramos detidas assim que descíamos dos andaimes.

Parecíamos bem estranhas nas delegacias de polícia, usando meias-calças rasgadas e de cores vivas, botas Dr. Martens

PUTIN HAS PISSED HIMSELF

A column of rebels heads to the Kremlin
Windows explode in FSB offices
Behind red walls the sons of bitches piss themselves
Riot proclaims, all systems abort!
Dissatisfaction with male hysteria culture
Savage leaderism ravages people's brains
The Orthodox religion of the stiff penis
The patients are asked to swallow conformity
Hit the streets
Live on Red Square
Show the freedom of
Civic rage

PUTIN SE MIJOU NA CALÇA

Uma coluna de rebeldes segue para o Kremlin
As janelas explodem nos escritórios da FSB
Os filhos da puta se mijam por trás das
    paredes vermelhas
O Pussy Riot proclama, pela derrocada de todos
    os sistemas!
Descontente com a cultura da histeria masculina
A selvageria dos líderes estraga o cérebro
    das pessoas
A religião ortodoxa do pau duro
Os pacientes são convidados a engolir a conformidade
É chegada a hora de ir para as ruas
Ocupar a Praça Vermelha
Expressar a liberdade
Na ira dos cidadãos

com cadarços brancos, arrastando mochilas de trilha enormes com um monte de cabos. Os policiais entediados saíam de seus escritórios apenas para nos espiar, estarrecidos.

Certa vez, enquanto estávamos ensaiando "Putin Has Pissed Himself" [Putin se mijou na calça], os alto-falantes começaram a pegar fogo e a soltar fumaça. Aparentemente, era um sinal dos céus de que Putin realmente tinha se mijado.

Os machistas estão fodidos

Entre novembro e dezembro de 2011, fizemos uma turnê de shows antiglamour intitulada *Sexists Are Fucked, Conformists Are Fucked* [Os machistas estão fodidos, os conformistas estão fodidos]. Nós nos apresentamos em lugares onde se reúnem putinistas ricos e conformistas, por exemplo, em cima de carros Jaguar, em mesas de bar, em lojas que vendem roupas e peles caras, em desfiles de moda, coquetéis. Tocávamos apenas uma música, porque era o que dava tempo de fazer antes de sermos detidas. A música se chamava "Kropotkin Vodka" [Vodca Kropotkin] e convocava as pessoas a realizar um golpe de Estado na Rússia. "Kropotkin Vodka sloshes in stomachs / You're fine, but the Kremlin bastards / Face an uprising of outhouses, the poisoning is deadly" [A vodca Kropotkin faz arder o estômago / Você vai ficar bem, mas os sacanas do Kremlin / Vão ter de se ver com o veneno mortal / Da revolta das latrinas], cantávamos.

Se nos shows anteriores rasgávamos travesseiros velhos, naquele decidimos tentar com farinha. Nosso plano consistia em contar detalhes da nossa vida cotidiana, coisas com as quais as mulheres se deparam todos os dias. Fomos a um desfile de moda armadas com sacos de farinha. Não foi fácil entrar. O show era apenas para convidados, e havia membros da elite artística conservadora pró-Putin entre o público.

"Somos da Rádio BBC", sussurramos para o guarda e entramos no salão com o rosto tenso. Jovens magras e de pernas compridas, corpos belos envoltos por cortinas, desfilavam sobre a passarela.

Subimos na passarela e demos início à performance. "Sexists are fucked, fucking Putinists are fucked!" [Os machistas estão fodidos, os putinistas estão fodidos!], exclamamos. As modelos se amontoaram em um canto. Pegamos um saco de farinha e lançamos o conteúdo no ar, espalhando-o pelo palco. De repente, ouvimos algo explodir. Parecia barulho de metralhadora. Vários balões estouraram. Percebemos que havia uma coluna de fogo ao nosso redor. Nossas balaclavas ardiam e eram invadidas pela fumaça. Fazia calor. Ainda assim, não poderíamos largar tudo e fugir, porque talvez não tivéssemos outra chance de nos apresentarmos em um desfile de moda.

Só mais tarde nos demos conta de que um incêndio havia começado porque a farinha suspensa no ar é bastante inflamável. A passarela do desfile estava cercada de velas e, quando jogamos a farinha no ar, ela pegou fogo. Seja como for, o motivo não importava naquele momento, porque já estávamos a caminho de nossa próxima apresentação.

"ABAIXO A PRISÃO, VIVA A LIBERDADE DE PROTESTO!",
14 DE DEZEMBRO DE 2011
Local: Centro de detenção nº 1 de Moscou

Quando a polícia deteve 1.300 de nossos colegas ativistas depois de protestos em massa contra Putin, ficamos extremamente irritadas. Parentes, amigos e companheiros foram colocados atrás das grades. Às vezes é bom ficar puto – isso nos motiva. Assim, em um único dia, compusemos e ensaiamos uma música. No dia seguinte, fomos ao centro de detenção. Subimos no telhado da prisão para tocar "Death to Prision, Freedom to Protest" [Abaixo a prisão, viva a liberdade de protesto] – uma apresentação para os prisioneiros políticos.

Quando aparecemos no local, vimos um ônibus da tropa de choque, um carro da polícia de trânsito e um carro com policiais à paisana cercando o centro de detenção. Ainda assim, decidimos fazer a apresentação. O show no centro de detenção marcou a estreia da nova vocalista do Pussy Riot, a militante feminista Serafima.

"Vamos nos apresentar, com ou sem policiais", disse ela imediatamente.

Pegamos então um cartaz que dizia "Viva a liberdade de protesto!" e o colocamos no alambrado ao redor do centro de detenção. Subimos até o telhado da unidade. Os funcionários começaram a surgir assustados nas janelas. Aparentemente, nunca tinha acontecido um show de música ali antes. Um policial nos abordou por trás do pátio e exigiu que descêssemos. Vários agentes à paisana vieram da mesma direção e começaram a gravar a operação com câmeras.

The gay science of seizing squares
Everyone's will to power, without fucking leaders
Direct action is humanity's future
LGBT, feminists, defend the fatherland!

A gaia ciência de tomar as praças
A vontade popular sem líderes de merda
A ação direta é o futuro da humanidade
LGBTS, feministas, defendam a pátria!

Enquanto cantávamos "Death to Prison, Freedom to Protest", os prisioneiros espreitavam pelas janelas das celas. Rapidamente aprenderam o refrão, entoando a letra e sacudindo o centro de detenção. As barras tremeram: os prisioneiros tentavam arrancá-las com as próprias mãos. Quando chegamos à estrofe que diz "Force the cops to serve freedom [...] Confiscate all the cops' machine guns" [Obrigue a polícia a libertar você, confisque as armas dos policiais], dois policiais voltaram para o prédio apreensivos, fechando a porta.

Perto do fim da apresentação, gritamos "Que Putin vire sabão!" e "O povo unido jamais será vencido!". Então descemos calmamente do telhado em nossa escada mágica e nos dispersamos pelas ruas próximas. Os policiais com as câmeras de vídeo tinham ido embora, aparentemente para comprar donuts na loja mais próxima, e escapulimos em silêncio.

HERÓIS

Martin Luther King

Fazer o seu governo cagar nas calças não requer o uso de força. O Dr. Martin Luther King Jr. liderou o movimento dos direitos civis começando com o boicote aos ônibus em Montgomery, Alabama, em 1955, o que levou o Supremo Tribunal de Justiça a declarar que as leis de segregação racial no transporte público eram inconstitucionais, e seguiu lutando pacificamente por mudanças até ser assassinado, em 1968.

Após a morte do Dr. King, Nina Simone lhe dedicou uma canção, "Why? (The King of Love is Dead)":

Once upon this planet earth
Lived a man of humble birth
Preaching love and freedom for his fellow men

He was for equality
For all people you and me
Full of love and good will, hate was not his way
He was not a violent man
Tell me folks if you can
Just why, why was he shot down the other day?

Certa vez sobre o planeta Terra
Viveu um homem que nasceu humilde
Pregando amor e liberdade para seus semelhantes

Ele defendia a igualdade
Para todas as pessoas, você e eu
Cheio de amor e boa vontade,
Não era movido a ódio
Não era um homem violento
Digam-me, companheiros, se puderem
Por que, por que atiraram nele?

O Dr. King detalhou seus princípios como líder em "Carta de uma cadeia de Birmingham", escrita em 1963, quando foi preso por protestar em uma cidade do Alabama, na qual a segregação era brutalmente aplicada. King respondia aos sacerdotes brancos que criticavam suas ações. Se ele estava ali, escreveu, era porque ali havia uma injustiça.

Não posso ficar de braços cruzados em Atlanta e não me preocupar com o que acontece em Birmingham, porque uma injustiça cometida em qualquer lugar é uma ameaça à justiça em todos os lugares. Estamos imersos em uma rede inescapável de relações mútuas, atados em um mesmo destino. Qualquer coisa que afete alguém diretamente afeta indiretamente todas as pessoas.

Na verdade, o reverendo King era um homem de Deus que realmente seguia os preceitos da Bíblia. "O que oprime o pobre insulta o Criador, mas o que se compadece do necessitado O honra", diz Provérbios 14:31. Quanta gente vai à Igreja apenas para se sentir melhor consigo mesma? Para o Dr. King, o pior inimigo não era o KKK, mas os brancos moderados que preferiam a ordem à justiça. A Igreja do Sul não havia apoiado sua causa, escreveu ele, consentindo com aquela situação. Os religiosos tinham se prontificado a se sacrificar, mas o Dr. King via poucos deles dispostos a apoiar sua causa.

Durante a campanha para assegurar um programa de renda básica em 1968, o Dr. King denunciou o racismo, a pobreza, o militarismo e o materialismo como nossos principais inimigos, assinalando que "o verdadeiro problema a ser enfrentado é a reconstrução da própria sociedade".

Em sua carta da prisão, o Dr. King explicou por que insistia na ação direta não violenta: era uma maneira de criar uma tensão que obriga o outro lado a negociar. "É um fato histórico que os grupos privilegiados raramente abrem mão de seus privilégios de maneira voluntária", escreveu ele. Fazer com que se posicionassem assim de maneira não violenta era uma afirmação de força, não de fraqueza. O Dr. King já estava claramente cansado de esperar, cansado dos linchamentos, de ver irmãos e irmãs negros sendo assassinados por policiais cheios de ódio, cansados de ver 20 milhões de afro-americanos vivendo na pobreza e dormindo no carro porque não eram aceitos pelos motéis.

O Dr. King foi acusado de ser extremista. "O apóstolo Paulo não era extremista?", respondeu ele. "E Amós, John Bunyan, Abraham Lincoln e Thomas Jefferson?" Mesmo Jesus Cristo era "um extremista do amor, da verdade e da bondade".

A partir de 1963, a Conferência da Liderança Cristã do Sul, liderada pelo Dr. King, desenvolveu uma série de atividades bem-sucedidas. Naquele mesmo ano, durante a Marcha de Washington, ele preferiu seu célebre discurso: "Eu tenho um sonho". A Lei dos Direitos Civis foi aprovada em 1964; a Lei do Direito ao Voto, em 1965. Teriam elas sido aprovadas sem o Dr. King? Mais adiante, ele criticou a Guerra do Vietnã e se comprometeu com a causa da justiça econômica, até ser morto a tiros aos 39 anos de idade.

Nunca saberemos quais outras conquistas o Dr. King teria alcançado se tivesse seguido com vida. Sem dúvida, um movimento de base ampla pela justiça racial, social e econômica liderado pelo Dr. King teria movido montanhas. Mas alto lá: ele *moveu* montanhas. E continua, mesmo depois de sua morte, através de seus seguidores pelo mundo.

THERE ARE MANY MORE OF US THAN YOU

REGRA Nº 5 SEJA UM DELINQUENTE ARTÍSTICO

O que existe de mágico na arte é que ela eleva e amplifica nossa voz. Às vezes isso se dá literalmente, com um microfone e alto-falantes. A arte é uma máquina de fazer milagres. Cria realidades alternativas, e isso é extremamente útil quando temos uma crise e nos deparamos com a falta de imaginação política.

Após meditar mais profundamente, convenci-me
de que os papéis de liderança cabem aos artistas,
seguidos pelos cientistas e que os industriais devem
vir depois dessas duas classes.
HENRI DE SAINT-SIMON, *Lettres de H. de Saint-Simon
a messieurs les jures* [Cartas de Henri de Saint-Simon
aos senhores jurados].

Toda inovação é teatral.
ALEKSANDRA KOLLONTAI

Temos que criar a nós mesmos como uma obra de arte.
MICHEL FOUCAULT, *Subjetividade e verdade.*

PALAVRAS

Ainda que as pessoas não costumem mencionar isso quando falam sobre o Pussy Riot, somos antes de tudo *nerds* da arte. Nossas influências mais importantes são o conceitualismo de Moscou e o ativismo russo das décadas de 1980 e 1990.

Um dos nossos artistas favoritos dos anos 1990 foi Oleg Kulik, o mais ousado de todos, conhecido por correr nu em Moscou, latir e morder pessoas como se fosse um cachorro. Na época do nosso julgamento em 2012, ele teve a gentileza de nos dizer palavras incrivelmente calorosas. Foi muito importante para nós sermos apoiadas por nossa família de artistas conceituais russos, já que são essas as nossas raízes.

Kulik fez observações pertinentes sobre a importância da mutualidade entre arte e política:

> O Pussy Riot foi tão bem recebido porque veio da arte. Refleti-ram a partir de uma forma específica e se mantiveram ligadas à tradição. Elas remetem às pinturas tardias de Malevich, às figuras mecânicas de Tatlin e à cenografia de Stepanova. Elas explicam suas ações recorrendo aos artistas da década de 1990. Quem está por trás do que elas fazem? Por trás do que elas fazem está a tradição artística que continuará ao longo da história, mesmo com as mudanças na política.

É possível que o Pussy Riot tenha sido tão bem recebido por causa da arte. A arte ultrapassa os limites existentes e fala sobre o inexplicável. Você não precisa saber russo nem conhecer detalhes da política russa para entender do que trata nossa oração punk e se colocar no lugar de meninas que moram do outro lado do mundo. A arte nos une. E a arte de protesto, em particular, pode se tornar uma força motriz e unificadora importante para mobilizar ativistas mundialmente, o que não deixa de ser o movimento da humanidade em ação.

O ser humano como animal político e artístico

O que o Pussy Riot faz é arte ou política? Para nós, é a mesma coisa: arte e política são inseparáveis. Tentamos tornar a arte política e, ao mesmo tempo, enriquecer a política por meio da arte.

Em primeiro lugar, tente resolver qualquer problema com a ajuda da arte. Depois, recorra a todos os outros meios à disposição. A arte é o melhor remédio, tanto para você como para a sociedade.

Ainda que os punks que se opõem ao governo não saibam tocar bem e que nossa música seja tecnicamente uma porcaria, compensamos isso com a pureza desenfreada do nosso ímpeto. Qualquer ser vivo percebe isso e, portanto, confia num gesto punk. É por isso que as pessoas são inspiradas e motivadas pelo punk. **Então, se você estiver pensando em começar uma banda ou um coletivo artístico punk, nunca deixe de fazer isso apenas por não dominar uma técnica com perfeição.** O ímpeto, a energia e o entusiasmo são inestimáveis.

(!)

Muitas vezes nos perguntam: "Quando e por que vocês decidiram juntar arte e política pela primeira vez?". Mas quando e por que se decidiu separar arte e política? Arte e ativismo?

"Parece que a arte como tal expressa uma verdade, uma experiência, uma necessidade, que, embora não façam parte do domínio da práxis radical, são componentes essenciais da revolução." "A dimensão estética" (1978), de Herbert Marcuse, é um poema teórico sobre a natureza radicalmente transformadora da arte. Como podemos superar a alienação da existência social, a falta de autenticidade e a objetificação dos seres humanos? Como responder de forma radical à reificação e à opressão social que fazem frente à possibilidade de realização plena dos seres humanos?

A arte nos ajuda a criar uma subjetividade radical, um dos elementos-chave da transformação política. Ela é o campo que nos ajuda a lutar contra as forças que tentam mecanizar as pessoas, forças que veem os seres humanos como objetos que precisam de manual de instrução e que deveriam estar na prateleira de uma loja em shopping center.

Nunca entendi a necessidade de separar arte e engajamento político. Talvez porque sempre tenha sido uma apaixonada pelas vanguardas. Sou uma garota do começo do século XX, época em que política e arte estavam organicamente ligadas.

Naquela época, os artistas buscavam meios de expressão primordiais, pré-cristãos, pagãos, orgânicos e simples, assim como novos métodos, destinados não apenas a transformar radicalmente o campo da arte, mas também a estimular irrupções no espaço social. Foi uma época de grandes mudanças na consciência coletiva, e os artistas estavam dispostos a ocupar a vanguarda dessas transformações. Naquele momento, o artista que se considerasse revolucionário, e não um decorador, não era a exceção, mas a regra. **"Os filósofos não fizeram mais do que interpretar o mundo de diversas maneiras, mas o importante mesmo é transformá-lo"**, disse Marx.

"Éramos todos revolucionários", disse Serguei Diaguilev, fundador do explosivo e exótico Ballets Russes, balé russo que conquistou o mundo nas primeiras décadas do século XX. "Foi por um triz que escapei de me tornar um revolucionário, ocupado com outras coisas além da cor e da música."

Se a Rússia tiver que confrontar o restante do mundo, que isso seja feito por meio da arte, e não da energia nuclear, dos tanques de guerra ou de financiamentos para Trump e Le Pen. **E acredito que o símbolo da Rússia deveria ser *Quadrado negro* de Malevich, e não Putin.**

(!)

A prática e a experiência da arte nos dão a oportunidade de revisitar aquela sensação de autêntica liberdade, pura coragem e ingenuidade que nos permite ousar, juntamente com a criatividade bruta e a curiosidade travessa características da infância. Um agente de polícia cansado, irritado e solitário tem a chance de regressar a esse *playground* mágico por meio da arte. Uma mulher que batalha para pagar as contas trabalhando em dois empregos como garçonete também. Uma prisioneira prestes a cumprir mais doze anos de sentença, abandonada por parentes e amigos, tratada como se já estivesse morta – ela encontra alegria e esperança criando obras de arte com papel higiênico e pão.

A arte é a varinha mágica que procurávamos para transcender idiomas, fronteiras, nações, gêneros, posições sociais e ideologias. Ela nos eleva ao nos dar o capital mais valioso do mundo: o direito e a confiança de fazer perguntas incômodas sobre o que há de mais importante na nossa existência animal, política e social.

A liberdade é feita de surpresas e acidentes. Por isso, a arte é liberdade.

A arte nos permite ser únicos, mas sua natureza pede que permaneçamos intimamente conectados ao mundo, captando ideias, símbolos, emoções, tendências e arquétipos. Estamos juntos, mas não somos uma multidão sem rosto.

Posso falar com base na minha experiência que a arte é capaz de dar esperança e significado à vida de quem está desesperado. Toquei em uma banda de rock formada por prisioneiras na Sibéria e sei como os momentos em que a arte nos traz de volta à vida são preciosos, tirando-nos de um mundo de apatia e obediência. Como disse Nietzsche, "quem tem um motivo para viver pode suportar quase tudo".

Para dar sentido à vida, a arte não deveria existir apenas em sua dimensão mercadológica, como acontece prioritariamente hoje. O mercado – por definição – cria experiências excludentes, e não inclusivas. A arte pertence a todos. Deveríamos poder fazer mais arte nas ruas, em espaços públicos. Deveriam existir centros de arte comunitários, nos quais qualquer pessoa disposta a criar possa fazê-lo. Você pode achar isso uma utopia, mas pense na Suécia dos anos 1980 e 1990. Eles tinham centros culturais comunitários, nos quais todas as pessoas que entravam podiam aprender, por exemplo, a tocar violão.

COMO JUNTAR ARTE E POLÍTICA

Existem inúmeras ações de protesto possíveis:

beijaço: protesto formado por beijos entre pessoas LGBT, em uma demonstração pública de suas orientações sexuais.

die-in: protesto em que os participantes fingem que estão mortos. Esse método é usado por ativistas dedicados a direitos dos animais, antiguerra, direitos humanos, controle de armas, causa ambiental e muitos outros.

bed–in: protesto na cama. O mais famoso foi feito por Yoko Ono e John Lennon em 1969, em Amsterdã, onde fizeram campanha contra a Guerra do Vietnã no quarto do hotel Hilton, onde estavam hospedados.

caravanas de carros ou motocicletas: um grupo de veículos circula pela cidade com muitos símbolos e cartazes, fazendo bastante barulho. Essa modalidade de protesto é usada, por exemplo, pelo movimento russo dos Baldes Azuis para protestar contra o uso frequente e desnecessário de luzes de advertência e bloqueios de estradas para que veículos transportando funcionários de alto escalão possam passar.

repintura: em 1991, o escultor tcheco David Černý pintou de rosa um tanque soviético IS-2.

shop–drop: colocar secretamente seus próprios produtos nas lojas, recusando-se a aceitar ordens absurdas da gerência, tirando onda com elas.

substituição: trocar manequins "normais" nas vitrines das lojas por manequins "anormais".

rir em resposta ao abuso de policiais ou guardas.

rir para protestar contra um julgamento.

(Ridicularizar o poder é um dos melhores métodos de democratização. É o que chamamos de "risostência".)

_____

_____

_____

(adicione seus itens à lista)

Quebre a (quarta) parede

Como posso quebrar a quarta parede que separa o artista do público?

Quebrar a quarta parede é uma coisa boa e saudável de se fazer. É sinal de uma hospitalidade genuína, um convite para pensarmos e criarmos juntos. **Confie no seu público, trate-o como igual, envolva todos os convidados na sua jornada, na investigação e na conversa.** O público também faz parte da obra de arte.

"O que me impressiona é o fato de, em nossa sociedade, a arte ter se tornado algo relacionado apenas a objetos, e não à vida nem aos indivíduos; e, também, que a arte esteja num domínio especializado, o dos experts que são artistas", escreve Michel Foucault. "Mas por que a vida de uma pessoa comum não poderia se tornar uma obra de arte? Por que uma lâmpada ou uma casa podem ser obras de arte, mas não a vida?"

A responsabilidade pela arte é dividida entre o artista e o público. É um teatro político – uma obra cruel na qual ninguém é apenas um observador. **Podemos fazer frente à sociedade do espetáculo transformando um espetáculo em sociedade.** O público ficará grato, pois também está cansado do lixo que a indústria do entretenimento o força a consumir. As pessoas também querem ser responsáveis, e a liberdade cresce ao fazermos pressão, então faça pressão. Elas querem atuar em conjunto.

Há momentos em que nos sentimos desconectados da realidade. Como posso fazer diferença com pequenas ações? Se eu conseguir reunir cinco ou dez pessoas por meio da arte, se eu pudesse fazê-las acreditar no *próprio* poder, terei todo o reconhecimento e a vitória que almejo.

(!)

Guy Debord, Jean-Luc Godard e Bertolt Brecht buscavam uma forma de arte que pudesse quebrar a parede entre o ator e o público. Segundo eles, a eliminação dessa parede possibilitaria levar os espectadores a participar da ação e a fazer análises críticas.

Roland Barthes diz, em *Mitologias* (1957), "A arte dramática burguesa repousa sobre a pura quantificação dos efeitos: todo um circuito de aparências computáveis estabelece uma igualdade quantitativa entre o dinheiro das entradas e as lágrimas do ator ou o luxo do cenário". Esse tipo de arte não faz perguntas inconvenientes ao público. O público pagou para se sentir confortavelmente entorpecido.

"A arte não é um espelho para refletir o mundo, mas um martelo para forjá-lo", disse Bertolt Brecht.

Não tenho interesse em uma arte que não incomode. Sendo radicalmente sincera, eu nem chamaria isso de arte. O objetivo da arte não é proteger o *status quo*. A arte implica desenvolvimento e pesquisa. **Por definição, a arte, como ato de criação, é mudança. Uma mudança que afeta tanto o artista quanto o público.**

A arte e os videoclipes de temática política não diferem tanto de outros tipos de arte. As únicas diferenças são:

1 Você está ciente de que os serviços de inteligência estão acompanhando cada passo que você dá.

2 Você age ciente de que os serviços de inteligência estão acompanhando seus passos.

3 Como mulher ou homem honesto, você deve advertir cada pessoa envolvida na produção ainda na primeira reunião: você pode a) ser demitido(a) de seu trabalho, b) levar uma surra e c) ser condenado(a) a vários anos de prisão.

4 Depois de publicar a obra de arte, você verifica casualmente as notícias para ver se alguém o processou.

5 Você tem que estar disposto a ajudar aqueles que correm perigo por terem participado de sua iniciativa artístico-política.

Acho que é isso.

Uma oração

Se a teoria das supercordas está correta e nós não somos nada mais do que cordas que vibram, isso explica por que a música pode nos emocionar tão profundamente. E isso se deve a não sermos feitos de matéria sólida, como costumávamos pensar. Se somos apenas cordas de energia – e a física quântica diz que somos –, emitimos vibrações. Se sentimos isso, podemos projetar ideias, sentimentos e percepções da realidade. A música é uma oração.

A música nos aproxima de nosso estado animal. A cadência do ritmo organiza os pensamentos e as visões sem esforço e com elegância, tornando-os mais impactantes e hipnóticos. Não se pode fazer um feitiço falso; devemos deixar que os feitiços nos invadam, quando estiverem prontos para serem lançados e puderem funcionar bem. É assim no xamanismo. No fundo, a música sempre foi – e sempre será – uma oração.

(!)

A segunda mulher de Einstein, Elsa, comentou certa vez:

> Quando eu era bem jovem, apaixonei-me por Albert porque ele tocava Mozart excepcionalmente bem no violino. Ele também toca piano. A música o ajuda a pensar em suas teorias. Ele vai para o escritório, vem aqui, toca alguns acordes no piano, anota algo e retorna para os seus estudos.

LUGARES PARA FAZER UM SHOW ILEGAL

Wall Street
Em estruturas físicas (andaimes de construção,
    postes de iluminação, telhados)
No ar (balão, corda bamba, helicóptero)
No meio do fogo (soprando chamas ou
    dançando no meio delas)
Prédios do governo (delegacias de polícia,
    edifícios públicos)
Em uma rua bloqueada; você pode fechá-la
    com latas de lixo
Instalações militares (como no musical *Hair*)
Em um bosque
Em um barco (como os Sex Pistols fizeram no
    rio Tâmisa em 1977)
Em uma prisão
Instituições psiquiátricas (como Nina Hagen
    costuma fazer)
Interrompendo uma aula em uma faculdade
No Pentágono
Nos escritórios do FBI
Na Praça Vermelha
No transporte público
Em um tanque, diante de um tanque
Em um submarino militar
Interrompendo um evento oficial
Durante uma manifestação

AÇÕES

Pussy Riot na igreja

Qualquer um diria que, no dia em que uma pessoa comete um crime pelo qual é condenada a dois anos da prisão, ela deve sentir algo especial. Na verdade, quando isso aconteceu comigo, me senti ridícula e teimosa. Mas, para ser sincera, eu me sinto assim todos os dias de qualquer maneira, de modo que o dia 21 de fevereiro de 2012 não me pareceu especial.

Quando chegamos à Catedral de Cristo Salvador, em Moscou, não tínhamos a sensação de que estávamos fazendo algo errado. Mais tarde, fomos informadas pelo tribunal, os agentes de polícia, o presidente, o patriarca da Igreja Ortodoxa Russa e vários veículos da propaganda russa de que o que fizemos na catedral foi uma blasfêmia, um crime, um atentado contra a Rússia... que havíamos declarado guerra aos valores, às tradições e à moral nacional. Crucificamos Jesus Cristo pela segunda vez; vendemos a pátria para os Estados Unidos e deixamos que a Otan a destruísse. Foi isso que nos disseram.

Não previmos nada disso quando chegamos à catedral. Não era como se estivéssemos planejando derrubar o Estado. Era um dia de inverno e ventava forte – o clima não era mesmo dos melhores. Mas, fora isso, tudo parecia normal. Eu me sentia confiante. Tinha ouvido das autoridades governamentais que vivia em um país livre, motivo pelo qual poderia ir a qualquer espaço público e me comunicar com aqueles que estão no poder sempre que quisesse. Certo?

Naquela manhã, nos encontramos na estação Kropotkinskaia do metrô (assim chamada em homenagem ao anarquista russo Kropotkin). Éramos cinco mulheres de meias e gorros coloridos.

Tínhamos passado as três semanas anteriores praticando como ligar rapidamente os refletores e conectá-los a uma bateria portátil, ao mesmo tempo que montávamos o suporte do microfone e tirávamos a guitarra do *case*. Por mais que tenhamos ensaiado, levamos quinze segundos para começar a tocar, o que era tempo demais para o planejado.

"O planejamento meticuloso da ação conjunta dos cúmplices da banda criminosa, a organização atenta de cada etapa do delito e o uso dos acessórios necessários possibilitaram que completassem com sucesso todas as fases da ação planejada e dessem início a sua etapa final", diz o veredicto do Tribunal do Distrito de Khamovniki, em Moscou, datado de 17 de agosto de 2012.

Eu jamais tinha pensado que um show pudesse levar alguém a ser preso, mas nunca se pode dizer nunca. A vida realmente é cheia de incógnitas, de modo que temos sempre que lembrar a importância de fazermos perguntas a nós mesmos. De acordo com o processo criminal, entramos na igreja e "começamos a sacudir o corpo diabolicamente, pulando, chutando as pernas para o alto e sacudindo a cabeça".

"Depois que a Nadya fez o sinal da cruz e se ajoelhou, um guarda se aproximou dela e tentou agarrá-la, e ela, com muita agilidade e elegância, conseguiu se livrar dos braços dele e saiu correndo como um coelho", relata meu pai, que estava conosco na catedral. A apresentação durou quarenta segundos. Depois da ação, pegamos nossos pertences e saímos.

No dia seguinte, Putin e o patriarca conversaram ao telefone. O gabinete presidencial ligou para as pessoas certas. A principal questão do caso Pussy Riot era: Quem foi mais ofendido pela Oração Punk, Vladimir Putin ou o patriarca? Nas palavras do presidente, "Igreja e Estado são separados segundo a Constituição russa, mas estarão sempre juntos em nosso coração e nosso pensamento".

Durante meu julgamento, o juiz declarou: "Através de seus atos, elas desvalorizaram, de forma clara e incisiva, tradições e dogmas eclesiásticos acalentados e reverenciados por séculos".

"A vontade de Deus me foi revelada e sei que o Senhor condena as ações do Pussy Riot. Estou convencido de que esse pecado será punido tanto nesta vida quanto em outro plano", disse o arcipreste Vsevolod Chaplin, porta-voz da Igreja Ortodoxa Russa. A lei de Deus, a mais importante de todas, foi violada por essa ação, por esse pecado. E, segundo a Bíblia, "o salário do pecado é a morte", ou seja, a condenação eterna ao inferno.

No geral, penso que a ação na Catedral de Cristo Salvador foi um desastre. Não conseguimos fazer a maior parte do que pretendíamos – não chegamos nem ao refrão da música. Também não fizemos filmagens suficientes para montar um bom videoclipe. Ficamos extremamente desapontadas. **Curiosamente, fomos mandadas para a prisão pela pior ação que o Pussy Riot fez.** Aparentemente, Putin simplesmente não gostou. Ele deve ter pensado: "*Que porcaria! Já para a cadeia!*".

Era apenas uma oração. Uma oração muito especial. Nas palavras de Squirrel, integrante do Pussy Riot, "Putin, o maior dos ditadores, tem muito medo das pessoas. Mais especificamente, ele tem medo do Pussy Riot. Tem medo de um bando de mulheres jovens, positivas e otimistas, sem medo de falar o que pensam".

Expusemos o lado brutal e cruel do governo, mas não fizemos nada ilegal. **Não é ilegal cantar e dizer o que você pensa.**

UMA ORAÇÃO PUNK: *MOTHER OF GOD, DRIVE PUTIN AWAY* [VIRGEM MARIA, MÃE DE DEUS, LEVE PUTIN EMBORA]

Virgin Mary, Mother of God
Drive Putin away
Drive Putin away
Drive Putin away
Black cassock, golden epaulettes
Parishioners all crawling to pay their respects
The phantom of liberty in heaven
Gay pride dispatched to Siberia in shackles
The KGB boss, their principal saint
Escorts protesters to jail
So as not to insult His Holiness
Women must have babies and sex
Shit, shit, shit, holy shit
Shit, shit, shit, holy shit
Virgin Mary, Mother of God
Become a feminist
Become a feminist
Become a feminist
The Church praises rotten leaders
A sacred procession of black limousines
A preacher is coming to school today
Go to class and bring him money!
Patriarch Gundyayev believes in Putin
The bitch had better believe in God
The Virgin's Belt is no substitute for rallies
The Virgin Mary is with us at protests!

Virgem Maria, Mãe de Deus
Leve Putin embora
Leve Putin embora
Leve Putin embora
Batina negra, dragonas douradas
Paroquianos se humilham em reverência
O fantasma da liberdade no céu
O orgulho gay de algemas
Despachado para a Sibéria
O chefe da KGB, seu santo patrão,
Escolta dissidentes para a prisão
Para não insultar Sua Santidade
As mulheres devem ter filhos e trepar
Merda, merda, santa merda
Merda, merda, santa merda
Virgem Maria, Mãe de Deus
Vire feminista
Vire feminista
Vire feminista
A Igreja louva os podres poderes
Passa uma sagrada procissão de limusines negras
Enquanto um professor prega na escola
Vá para a aula! Não esqueça o dinheiro dele!
O patriarca Gundyayev crê em Putin
Mas esse bosta deveria crer em Deus
O Cinturão da Virgem não substitui manifestações
A Virgem Maria protesta conosco!

As pessoas não chamam mais a catedral de Cristo Salvador, mas, sim, de igreja Pussy Riot, mas também como centro comercial de Cristo Salvador. Se você quiser, tem a opção de alugá-lo como sala de conferências sagrada, espaço para encontros com a imprensa e sala de concertos com uma área VIP. No porão sob o altar, há restaurantes, lavanderia e serviço VIP de lavagem de carros. Também tem uma loja de frutos do mar. Os turistas podem comprar ovos Fabergé a 150 mil rublos cada um, e o comércio de suvenires gera uma boa renda. E como ninguém supervisiona nem cobra impostos da catedral, a Igreja Ortodoxa Russa decidiu comercializar quinquilharias de ouro árabe. "Se você quiser ter certeza de que seu empreendimento vai ser bem-sucedido, faça isso conosco." Foi o que li no site desse "lugar sagrado".

Cirilo I, o patriarca da Igreja Ortodoxa, conhecido por seus negócios de importação de tabaco e sua fortuna, supostamente estimada em 4 bilhões de dólares, dedicou-se a criticar o ativismo político das bases antes das eleições. "O povo ortodoxo é incapaz de ir a manifestações. Nossa gente não vai a manifestações. O que o povo ortodoxo faz é rezar no silêncio dos monastérios, das celas monásticas e em casa", disse Sua Santidade.

O patriarca estava fazendo campanha descaradamente para Putin, referindo-se a ele como presidente da Rússia antes das eleições presidenciais e dizendo que Putin teria "solucionado a desonestidade histórica da Rússia". Se teve algo que Putin fez, foi encher os bolsos de seus asseclas – por exemplo, os bolsos de Sua Santidade Cirilo.

Pois bem. O único crime do Pussy Riot foi não ter alugado uma sala na Catedral de Cristo Salvador. O site da igreja apresenta uma lista de preços para aluguel de salas. Qualquer político ou empresário rico pode se dar ao luxo de realizar um banquete na igreja, porque é homem, tem dinheiro e não se opõe a Putin. São esses os três segredos para ter sucesso na Rússia. Certa vez, alguém perguntou a São Francisco de Assis se ele já tinha pensado em se casar. "Sim, com uma esposa mais humilde do que qualquer um de vocês já tenha visto", respondeu ele.

Jesus Cristo entra na igreja, joga fora os mercadores e derruba as mesas dos agiotas. Não vende joias na igreja. Nem tem uma empresa de lavagem de carros. A igreja que temos é podre, vendida e corrupta. Basta ter olhos para ver.

Se Cristo ressuscitasse hoje na Rússia e saísse pregando como fazia antes, ele seria:

1 registrado como "agente estrangeiro";

2 mandado para a prisão por trinta dias por violar a lei de manifestações públicas;

3 condenado a seis meses de prisão por ferir a sensibilidade dos crentes religiosos;

4 condenado à prisão sem liberdade condicional, nos termos do artigo 282 do Código Penal Russo ("Incitação ao ódio ou à discriminação, bem como humilhação de uma pessoa ou um grupo de pessoas, com base em sexo, raça, etnia, idioma, procedência, religião, bem como afiliação a qualquer grupo social, se esses atos tiverem sido cometidos em público ou com o uso de meios de comunicação de massa");

5 condenado a quatro anos e meio de prisão por se envolver em distúrbios;

6 condenado a quinze anos de prisão por extremismo;

7 golpeado na cabeça com um cano.

HERÓIS

Yes Men

Se existem celebridades que se situam no ponto em que arte e política se encontram com ironia e subversão, são os ativistas do Yes Men. O Yes Men provoca suas vítimas fazendo pronunciamentos públicos perfeitamente verossímeis cujo grau de devastação satírico só se revela quando você senta e pensa a respeito por um segundo.

Conheci o Yes Men em um evento de gala beneficente em Berlim, em um daqueles jantares para os quais convidam celebridades e tal. O Pussy Riot tinha sido convidado para dizer algumas palavras. Estávamos sentadas com as bolsas cheias de drogas do lado do ministro de Assuntos Internos da Alemanha e, no geral, nos sentíamos um pouco estranhas.

Nosso encontro aconteceu quando dei de cara com um urso polar gigante nos bastidores. Ele estava tendo problemas com as autoridades, de modo que os seguranças tentavam expulsá-lo. Atrás do urso havia um homem chamado Igor Vamos, que discutia com os guardas. Duas pessoas nuas e suadas estavam dentro da fantasia de urso. O plano era subir ao palco, sair do urso e falar sobre mudança climática e o derretimento das calotas polares. Por que nus? Os animais estão nus. Por que não estamos?

É claro que não pensamos duas vezes e passamos a apoiar o urso. Falamos com Bianca Jagger, que também se tornou uma firme defensora do urso. Disse que ele tinha razão e que precisamos nos preocupar com a mudança climática. Não precisamos? Mesmo com nosso apoio, não deu certo. Os seguranças eram imbatíveis, e o urso não chegou ao palco. Mas o Pussy Riot conheceu o Yes Men.

Sempre que pensar em realizar ações de protesto e pegadinhas, pense em quantas dessas ações foram ensaiadas e cuidadosamente planejadas, mas simplesmente impedidas pelas autoridades. Pela minha experiência, isso equivale a cerca de 40% do total. Pode ser bastante frustrante, mas são as regras do jogo. Talvez eu deva catalogar nossos protestos artísticos que foram impedidos pela polícia ou pelo Serviço Federal de Segurança da Rússia.

O Yes Men é formado por Jacques Servin, Igor Vamos (o homem que acompanhava o urso) e um monte de amigos e apoiadores, outros ativistas que preferem continuar anônimos. O Yes Men faz ações há vinte anos e realizou filmes excelentes – *The Yes Men* (2003), *The Yes Men Fix the World* (2009) e *The Yes Men Are Revolting* (2014). Uma vez anunciaram um suposto produto da petrolífera Halliburton chamado "SurvivaBall", que oferecia proteção contra desastres naturais relacionados à mudança climática. Eles produziram uma edição falsa do *New York Times*, datada de 4 de julho de 2009, e distribuíram 80 mil cópias nas ruas de Nova York e de Los Angeles. O jornal imaginava um futuro alternativo que já havia chegado, com manchetes como "O fim da guerra no Iraque" e "O país busca consolidar economia sensata". A primeira página trazia o mote: "Todas as notícias que esperamos imprimir". Havia matérias sobre a oferta de assistência médica universal, salário máximo para os diretores de empresa, bem como um artigo em que George W. Bush acusava a si mesmo de traição pelas medidas que havia tomado durante os anos em que foi presidente.

Em 2004, Servin apareceu na BBC na qualidade de porta-voz da Dow Chemical e disse que empresa iria indenizar com 12 bilhões de dólares as incontáveis vítimas do desastre da fábrica de agrotóxicos de Bhopal, na Índia, em 1984. Era isso que deveria ter feito. O mercado financeiro reagiu, e as ações da

Dow Chemical tiveram uma queda astronômica em bilhões de dólares. Ah, não! Mas e dar o dinheiro merecido às vítimas, como tinham que fazer? Que nada!

Jacques Servin é professor da Parsons School of Design, em Nova York, e Igor Vamos, professor-adjunto de artes da mídia no Rensselaer Polytechnic Institute. Em 2014, os alunos do Reed College convidaram Vamos, ex-aluno da instituição, para fazer o discurso de formatura. Durante o discurso, respaldado por um comunicado de imprensa, Vamos anunciou que o Reed College estava cancelando um investimento de 500 milhões de dólares em combustíveis fósseis. Não era verdade, mas os estudantes estavam pressionando a administração para que fizessem isso.

REGRA Nº 5

IDENTIFIQUE OS ABUSOS DE PODER

Podemos identificar abusos de poder específicos e trazê-los à atenção de todos.

Primeiro veio a civilização grega. Depois chegou o
Renascimento. Agora estamos entrando na Era do Asno.
JEAN-LUC GODARD, *O demônio das onze horas.*

Presidente? Meu dedão ooria um presidente melhor.
ALEXANDER MACKENDRICK, *A embriaguez do sucesso.*

Mentir, trapacear, roubar (todo mundo faz isso): ou quem é o Sr. Putin e o que isso tem a ver com o Sr. Trump?

Se medirmos o sucesso de um(a) político(a) por sua capacidade de refletir as principais tendências de seu tempo, então Trump e Putin ocupam a dianteira. Ambos conseguem refletir os piores impulsos da sociedade atual – são gananciosos, antiéticos e indiferentes.

"As elites oligárquicas, embora possam discordar quanto a quase todo o resto, estão firmemente unidas pelo desejo de defender sua riqueza", diz o sociólogo econômico alemão Wolfgang Streeck em *How Will Capitalism End?* [Como o capitalismo vai acabar?].

Se me perguntarem o que eu gostaria de dizer ao presidente Putin, eu diria que não tenho vontade de falar com ele. Na minha opinião, é um desperdício que ele ocupe espaço no mundo.

Putin, o homem que cooptou a ideologia da Rússia atual, nem sequer possui um conjunto de valores coerente. "Não posso imaginar meu país isolado da Europa", disse ele em entrevista à BBC em março de 2000. Ele também não se importou com a participação da Rússia na Otan. Hoje, o antagonismo com a Europa, os Estados Unidos e a Otan parece ser o passatempo favorito de Putin.

É possível que a única ideia constante de Putin seja roubar dinheiro do povo russo. Como ex-agente da KGB, ele simplesmente não acredita que as crenças se sustentem. Qualquer um que "acredite" pode ser subornado ou intimidado e, portanto, é vulnerável. E não tem como se defender apenas com base em uma crença. O dinheiro, a prisão ou uma arma podem neutralizar qualquer "convicção".

Putin continua sendo um agente comum da KGB, e – paradoxalmente – esse é o segredo de seu sucesso. É um homem que adquiriu enorme poder por acaso. Em 2000, ele foi indicado por oligarcas que acreditavam que teriam Putin como fantoche. E pensavam assim porque ele é um ser humano que realmente não tem nada de excepcional.

Putin é mesquinho, indiferente, rancoroso, incapaz de amar e perdoar e extremamente inseguro. É apreensivo, sobretudo ao tentar esconder que treme sob uma bravata hipermasculina. A confiança, a compaixão e a empatia são emoções de segunda classe no mundo de Putin – isto é, no mundo de um agente da KGB.

(!)

Uma vez me contaram uma história sobre a KGB que acredito que possa ser verdadeira. Após passarem pelos exames básicos, os candidatos que vêm à KGB para se candidatar a um emprego são informados de que precisam fazer um último teste e que todos que forem aprovados nele serão contratados.

Cada um deles é levado a uma sala na qual vê a esposa. O examinador diz: "Pegue essa arma. Entre e atire na esposa pelo bem da sua pátria mãe e você será contratado".

Todos se recusam, exceto por um homem. É possível ouvir disparos vindos da sala, depois gritos, golpes e sons de luta. O candidato sai da sala e se recompõe. "Os cartuchos estavam vazios, então eu tive que sufocá-la", diz ele.

(!)

Putin nunca se permitirá ser criativo ou intelectualmente aberto. Ele é um agente bem treinado. Qualquer coisa que possa torná-lo emocionalmente vulnerável é prejudicial. Assim, ter um coração é prejudicial.

Ele é profissional em corromper a alma das pessoas em troca de bens materiais e oportunidades e, se necessário, através do medo. Para Putin, boas intenções e honestidade na verdade não existem. Um agente pragmático, inteligente e eficaz não podia deixar que o sentimentalismo diminuísse sua produtividade. Você se lembra do protagonista do filme *O conformista*, de Bertolucci? Ele personifica a banalidade do mal. É um oportunista miserável e insignificante que, no entanto, tem poder suficiente para destruir mundos belos e sofisticados. Se uma flor chegar às suas mãos, ele a destruirá: sua beleza seria estranha e intimidadora para ele.

Putin afirma ser uma pessoa religiosa, mas não é, o que também acontece com a maioria dos republicanos dos Estados Unidos, que estão matando a liberdade e os direitos em nome de Deus. Se abrissem o Novo Testamento e o lessem de verdade, descobririam que Jesus Cristo vomitaria se visse o que estão fazendo.

Putin condenou o Pussy Riot por dançar em uma igreja e proteger os direitos das mulheres, prometendo salvar o cristianismo de bruxas diabólicas como nós. **Pelo visto, Putin não tem ideia da história dos primeiros cristãos; caso contrário, saberia que Jesus Cristo e seus seguidores eram rebeldes, e não césares.** Putin é incapaz de conceber as virtudes que constituem a base de toda religião pura: a entrega, a disposição para se sacrificar e um desejo incondicional de verdade e justiça. Putin entende apenas o tipo de religião institucional mais segura, cômoda e burocrática para manter o *status quo*.

Para Putin, a religião é uma fachada útil, um baile de máscaras. Talvez seja por isso que ele parece não se lembrar de que vem da KGB, mesma organização que perseguiu, prendeu e matou centenas de milhares de soviéticos só porque ousaram acreditar em Deus. Agora Putin mudou de cara: passou a ser amigo da instituição profundamente corrupta e contaminada da Igreja Ortodoxa Russa. Como fica claro, as fachadas são intercambiáveis. Ninguém é insubstituível, como Stálin gostava de dizer. Ou melhor: não há ninguém que eu não possa fuzilar para salvar a minha pele, certo?

No romance 1984, George Orwell escreveu: "O Partido quer ter poder por amor ao próprio poder. Não estamos interessados no bem dos outros. Estamos interessados unicamente no poder, no puro poder. O objeto da perseguição é a perseguição. O objeto da tortura é a tortura. O objeto do poder é poder". **E o poder pelo poder é um abuso por definição.**

Quando tento pensar nas qualidades de Putin e não encontro nenhuma, começo involuntariamente a pensar em outra pessoa insignificante que conheço. Essa pessoa se chama Trump.

Putin e Trump têm uma série de características em comum (além de suas conexões econômicas e políticas e o fato de serem perigosamente corruptos e desonestos). Eles compartilham a crença de que as pessoas são motivadas apenas por interesses próprios. Desconfiam da sinceridade e da integridade humanas, calculando de maneira egoísta e insensível o lucro de cada transação social. Acreditam religiosamente que todas as relações precisam ser operações lucrativas. Trump é obcecado pela ideia de "ganhar". Foi capaz de simplificar todo o mundo à distinção degradante entre ganhadores ou perdedores. E Putin, o agente da KGB, também sabe que você tem apenas duas opções: matar ou morrer. **No mundo de Trump e de Putin, não nos importamos de fato com a dignidade humana; nos preocupamos com o capital humano.** A dignidade não é lucrativa.

Vladimir Bukovsky, dissidente que passou doze anos em hospitais psiquiátricos, campos de trabalho e prisões soviéticas, escreveu: "No geral, é possível dividir a humanidade em duas categorias: as pessoas com os quais é possível dividir uma cela e as pessoas com as quais não é". Eu acho que seria incapaz de compartilhar uma cela com alguém para quem um ser humano é apenas um número, uma peça que pode ser manipulada em benefício próprio.

Há uma série de leis e regulamentos para o 1% da população, e outra para os 99% restantes. Isso leva à exploração implacável tanto do "capital humano" como do meio ambiente para a obtenção de lucros a curto prazo. Isso leva à cleptocracia, aos cortes na educação e na saúde a fim de enriquecer aproveitadores privados, à agressão aos direitos das mulheres, ao aventureirismo imperial e à demonização do outro.

Joseph Stiglitz, economista ganhador do Prêmio Nobel, escreveu para a *Vanity Fair* de maio de 2011 um artigo intitulado "Do 1% pelo 1% para o 1%", no qual diz o seguinte:

> Um por cento da população se apropria de quase um quarto da renda do país, uma desigualdade da qual mesmo os ricos vão acabar se arrependendo... Em termos de riqueza, e não de renda, o 1% mais rico controla 40%. Há 25 anos, os números correspondentes eram 12% e 33%, respectivamente. Entre os nossos homólogos mais próximos estão a Rússia, com seus oligarcas, e o Irã. Os governos poderiam competir fornecendo segurança econômica, impostos baixos para os assalariados comuns, boa educação e meio ambiente limpo – coisas que importam para os trabalhadores. Mas o 1% mais rico não precisa se importar.

Como diz Bernie Sanders, o principal princípio de nossa era política é que, "diante de um problema social, o que se faz é monetizar, privatizar e militarizar".

Os ricos têm sua própria versão da luta política. Essa luta se manifesta em seus esquemas financeiros sujos e sombrios, que arruínam a vida dos oponentes, chegando mesmo a matá-los em algumas situações. Encontram maneiras sorrateiras de não seguir as próprias leis ou simplesmente criam novas (um dos truques favoritos de Putin).

Saul Alinsky, em *Rules for Radicals* [Regras para radicais], diz: "Neste mundo, as leis são escritas tendo em mente o elevado objetivo do 'bem comum' e então se manifestam na vida com base na ganância comum". E os ricos sabem se organizar com maestria. Precisamos entender que as elites sabem muito bem como proteger sua riqueza. "Todo mundo tem o direito de ser meu servo", pensam. **Se nós, a esquerda (ou "os de cima", os "elevados", como dizem meus amigos que não gostam de oposições binárias), os ativistas progressistas, quisermos fazer oposição a elas de alguma forma, também devemos aprender a nos organizar com maestria.**

Não sobra espaço para amizade ou companheirismo no mundo quando somente o poder e o lucro são adorados. Também não sobra espaço para confiança, amor ou inspiração. Só cabem alianças comerciais e políticas baseadas no reconhecimento do poder e na influência de cada um; isto é, profundamente baseadas no medo e na desconfiança mútuos. É assustador perder o poder em um ambiente tão tóxico. Uma vez que se perde a própria rede de proteção, a queda em direção ao abismo se inicia. **Quem ontem puxava seu saco vai ficar feliz em usar seu crânio como cinzeiro hoje.**

Fascistas de extrema-direita

"O fascismo estava certo, já que derivou de uma sensibilidade nacional-patriótica saudável, sem a qual um povo seria incapaz de reivindicar a sua existência ou de criar uma cultura única." A citação é de Ivan Ilyin, filósofo favorito de Putin. "Não é a Rússia que fica entre o Oriente e o Ocidente. São o Oriente e o Ocidente que ficam à esquerda e à direita da Rússia", diz Putin, por sua vez. Para mim, **qualquer forma de excepcionalismo imperialista é o que há de menos excepcional no mundo.**

Em 2 de junho de 2017, quando o *Nation* perguntou a Noam Chomsky sobre o Brexit, Trump, Le Pen, o nacionalismo na Índia e em outras partes do mundo, ele concordou que se trata de um fenômeno global.

É bastante evidente, e era de esperar... Quando são impostas políticas socioeconômicas que levam a maioria da população a uma situação de estagnação ou declínio, a democracia é enfraquecida, a tomada de decisões é arrancada das mãos do povo, e o resultado é raiva, descontentamento e todas as formas de medo. As pessoas ficam zangadas porque perdem o controle de sua vida. As medidas econômicas as prejudicam diretamente, e o resultado é raiva, desilusão.

O plano é simples. Primeiro, crie desigualdade e violência estrutural. Em segundo lugar, transforme "outros" em bodes expiatórios para explicar o que está errado. Terceiro, ofereça um patriotismo extremo e mais privilégios como solução para os privilegiados. Foi assim que surgiram Trump, Brexit, Le Pen, Orbán, entre outros espalhados pelo mundo.

Putin joga o mesmo jogo: ele manipula o complexo de raiva, dor e empobrecimento do povo russo causado pelos processos maquiavélicos de privatização e desregulamentação dos anos 1990. "Você quer voltar para os anos 1990?" Eis o seu truque principal. É a mesma ladainha de sempre: usar o medo para obter poder e dinheiro.

(!)

Todos somos vítimas desse estranho mal-entendido pelo qual se considera que a política e a vida cotidiana estão desconectadas. Por onde passo, em diferentes países, encontro pessoas que dizem não se interessar por política por não ser algo que sintam ter influência significativa em sua vida. Resposta interessante.

A profissionalização e o elitismo da política foram longe demais. A fragmentação da população foi longe demais. São dois lados da mesma moeda, e pode ter certeza de que essa moeda também não nos pertence. Como era de esperar, a situação está piorando, porque, quanto menos participarmos de ações coletivas, menos acreditaremos que temos algum poder como indivíduos que podem unir forças e contra-atacar. **Às vezes parece que a ideia de união foi esvaziada.**

"Não existe sociedade, apenas indivíduos", dizia Margaret Thatcher. Noam Chomsky revela que ela estava parafraseando Marx acerca da repressão que assolava a França em sua época: "A repressão está transformando a sociedade em um saco de batatas, apenas indivíduos, uma massa amorfa que não consegue agir em conjunto". Para Marx, isso era algo problemático. Para Thatcher, é um ideal. Não existe sociedade, apenas consumidores individuais.

Quando acreditamos que o governo do nosso país cabe aos profissionais, começamos a acreditar que as revoluções e as mudanças radicais podem ser efetivadas por outro profissional, e não por nós. Um revolucionário profissional, deve ser. Isso nos faz pensar que podemos delegar a limpeza da merda na política para alguém, assim como quando pagamos uma pessoa para limpar nossa casa depois de um festão, enquanto agonizamos na cama tomando remédio para ressaca.

Errado. **Podemos terceirizar fábricas horrerosas, mas não podemos terceirizar ações políticas.** A falta de envolvimento e engajamento nos levou ao ponto em que estamos, um momento de desespero político e alienação social, uma situação em que a expressão "igualdade de oportunidades" parece brincadeira. Não podemos nos limitar a transferir a responsabilidade para os outros, nem mesmo para Bernie Sanders ou para a União Americana pelas Liberdades Civis, a ACLU. Simplesmente não vai rolar. O Bernie, a ACLU e até mesmo o Bikini Kill podem tentar fazer o melhor possível, mas todos nós precisamos ser meio Bernie se quisermos uma mudança de verdade.

(!)

Pensar que existe alguém sábio e poderoso que vai cuidar de nós pode ter um efeito tranquilizante. Sendo russa, sei que nosso povo sempre teve um enorme desejo de se deixar levar pelo paternalismo. Acreditamos que vai chegar alguém para fazer do mundo um lugar melhor. Mas o mais provável é que esse alguém não chegue. E, se chegar, há uma boa chance de que seja um idiota. **O poder absoluto traz à tona a mais profunda merda de cada um.**

Vejamos mais alguns conselhos de Saul Alinsky, um dos mais brilhantes organizadores políticos: "Não basta apenas escolher entre candidatos. É preciso continuar fazendo pressão. Quando as pessoas se afastam das tarefas cotidianas próprias da cidadania, a democracia fica de coração quebrado". Tendo a crer nessas palavras.

Putin e Trump, esses homens desprovidos de convicções e valores, são os protagonistas perfeitos para as notícias que nos enchem os ouvidos 24 horas, fazendo-nos transitar entre a indiferença e a histeria em um minuto.

A mídia nos traz uma sensação de profundo desamparo e derrota. Não sabemos o que é verdade e o que é mentira, especialmente quando nos contam mentiras como se fossem verdade e vice-versa. Histórias chocantes que nos deixam desesperados, isolados e impotentes nos são constantemente empurradas goela abaixo. Puro desespero. Pane total. Não é à toa que tantas pessoas sofram crises de ansiedade.

Fico deprimida quando ligo a TV. O Universo está naufragando e não sei como trazê-lo à superfície. É contra a nossa natureza ser sobrecarregada por más notícias e não ter o poder de melhorar a situação. Isso leva à frustração, à raiva, ao desespero. **O que todo ser humano precisa é ter um conjunto de ferramentas com as quais superar o horror. Nosso objetivo deve ser encontrar esse conjunto de ferramentas.**

O que me dá esperança é o fato de ter vivido uma experiência que me diz que esse afastamento da política pode ser superado.

Jamais vou me esquecer da atmosfera dos protestos massivos contra Putin em Moscou, em 2011. Todos nos sentimos gratos uns aos outros por termos saído de casa para criar um novo animal político, potente e inteligente, que encheu as ruas e praças de força positiva. Sentíamos muito amor uns pelos outros, levados pelo mesmo sentimento que envolve todos os que participam dos grandes movimentos sociais por emancipação.

"Descobrimos uma grande verdade: o poder não se cria nem se sustenta com rifles, tanques e bombas atômicas. O poder depende da obediência civil e da disposição do povo para se submeter", disse o dissidente soviético Vladimir Bukovsky.

Existem culturas gastronômicas, cinefilas e literárias, e existe a cultura da revolta, da capacidade de fazer perguntas incômodas, de duvidar das coisas e mudá-las. Essa é a cultura que devemos alimentar. Mesmo o melhor presidente do mundo, o mais perfeito, pode chegar ao ponto de servir você em uma bandeja de prata, já que aqui o que vale muitas vezes é o "salve-se quem puder".

Como aponta Paul Verhaeghe, professor belga de psicologia clínica e psicanálise e autor de *What About Me? The Struggle for Identity in a Market-Based Society* [E quanto a mim? A luta por identidade em uma sociedade baseada no mercado"] (2012):

> Não se trata unicamente de fazer com quem o "outro" mude; a dolorosa verdade é que nós também teremos que mudar. Em vez de nos limitarmos a consumidores, devemos nos tornar cidadãos novamente – não apenas nas urnas, mas acima de tudo na maneira como conduzimos a vida... Se queremos que a política seja governada pelo interesse público – e isso é mais necessário do que nunca –, nós mesmos devemos promover esse interesse público, em vez de deixá-lo nas mãos de preocupações privadas.

Verhaeghe chama atenção para o paradoxo do indivíduo (pós-)moderno, que sofre de "um estranho caso de dissociação, uma nova forma de personalidade múltipla": somos hostis ao sistema e ao mesmo tempo nos sentimos impotentes para mudá-lo. Além disso, "agimos de uma maneira que reforça e até amplia isso. Toda decisão que tomamos demonstra isso: o que comemos e bebemos, o que vestimos, como nos deslocamos, onde passamos férias. Nós somos o sistema que renegamos".

Erich Fromm, psicanalista alemão, fez uma distinção entre duas maneiras de viver: ser e ter. O modo de existência do "ter" é produto da cultura consumista, na qual se acredita que o ser humano é um recipiente vazio a ser preenchido com diferentes mercadorias. Se não for preenchido, surgem a ansiedade, a crise e a pane psicológica.

Ler Fromm é bastante esclarecedor em relação à oligarquia, ao fascismo das celebridades, a Trump e a Putin. Ele nos explica, por exemplo, como o desenvolvimento do sistema econômico industrial mudou radicalmente os valores da civilização. Com a industrialização, diz ele, surgiu o culto do crescimento econômico e do lucro. Não queremos mais ser, mas ter, ter o máximo prazer e satisfação de todos os desejos – um hedonismo radical –, cujo resultado é o egoísmo, a mesquinhez e a ganância.

Em 1956, Fromm escreveu *A arte de amar*, no qual afirma acertadamente:

> O homem moderno se transformou em mercadoria; ele experimenta sua energia vital como um investimento com o qual deve obter o máximo de lucro, considerando sua posição e a situação no mercado da personalidade. Ele é alienado de si mesmo, de seus semelhantes e da natureza. Seu principal objetivo é a troca proveitosa de suas habilidades, conhecimentos e de si mesmo... A vida não tem objetivo a não ser seguir adiante, nenhum princípio exceto o de comércio justo, nenhuma satisfação a não ser consumir.

Fico preocupada com o culto do crescimento econômico. Por que começamos a pensar que temos que crescer até o infinito e além? Não somos patos nem unicórnios infláveis. Samuel Alexander, pesquisador do Sustainable Society Institute de Melbourne, diz:

> A verdade é que, para as nações desenvolvidas, o crescimento econômico contínuo, conforme medido convencionalmente, é incompatível com a estabilidade climática. [...] Se queremos um clima seguro, precisamos entrar em uma fase de contração econômica planejada ou "decrescimento". Não é suficiente produzir e consumir de maneira mais eficiente e fazer uma transição para as energias renováveis, embora essas mudanças sejam

necessárias. Também é necessário produzir e consumir menos – uma conclusão que poucos ousam expressar.

O que precisamos fazer é encontrar uma maneira de adotar uma alternativa econômica estável que faça contraponto ao crescimento desmedido.

Precisamos de uma mudança de valores. Precisamos de uma mudança de paradigma. **A felicidade é mais valiosa que o crescimento econômico e o lucro, tanto na escala planetária como na histórica.** Tenho certeza de que, se algo puder ser mudado nesse momento, não será por obra do governo nem do 1% mais rico. Será graças aos movimentos populares.

Segundo Aleksandr Soljenítsin, escritor russo laureado com o Nobel em 1970, "as palavras são mais importantes que o cimento. As palavras não são sem importância. Quando a nobreza de espírito começa a florescer nas pessoas, suas palavras podem quebrar cimento". É nos momentos de fraqueza que me fortaleço. Assim como Soljenítsin, acredito que as palavras vão quebrar o cimento no final.

Porém, se quisermos que isso aconteça, também precisamos de uma democracia mais ampla. E, quando digo "democracia", quero dizer "democracia direta". **É absurdo e sem graça que, apesar de a internet ter se espalhado por toda parte, não dispomos de métodos mais eficazes de participação direta nas decisões políticas cotidianas.** Os sistemas políticos ainda estão estruturados de uma forma que ignora a existência da internet. As autoridades não conseguem assegurar a integridade do processo eleitoral. E, na verdade, muitos republicanos estão mais interessados em privar os eleitores do direito de voto do que em garantir que as eleições sejam livres e justas. Elegemos representantes a cada quatro ou seis anos, e eles ficam livres para fazer o que quiserem, desde aceitar subornos de lobistas, destruir a infraestrutura pública e, o que é mais grave, destruir o planeta. Mas não esperemos que os direitos de participação na democracia direta nos sejam entregues de bandeja. Os irmãos Koch e os amigos de Putin, oligarcas como os Rotenberg, farão todo o possível para que não tenhamos acesso a eles. É por isso que precisamos estar determinados a agarrá-los.

"A cidadania não diz respeito apenas a nos submetermos a quem quer que tenhamos investido de autoridade democraticamente, mas também a ter a coragem de assumirmos nós mesmos a autoridade quando houver uma situação que o exija." Em suas últimas palestras, Michel Foucault falou da necessidade de parrésia, a coragem de se expressar claramente (uma das ideias favoritas de Diógenes). "Tendemos a interpretar isso de forma indolente, por exemplo, atacando a Igreja Católica ou desabafando nossas opiniões (cheias de pontos de exclamação) em fóruns da internet", diz Paul Verhaeghe.

Alguns dirão que basta reorganizar a vida particular e tudo ficará bem. Mas isso seria como arrumar a própria cama em uma cabine do *Titanic* quando o navio já está submerso.

Se estivermos sendo conduzidos por idiotas egoístas, o futuro nunca será próspero. Devemos manter na rédea curta aqueles que abusam do poder em nosso nome. Precisamos recuperar o poder.

> O antigo culto de personalidades que se praticava no comunismo segue vivo na Coreia do Norte. Se você deseja se referir por escrito ao ex–líder Kim Jong–il, deve utilizar um de seus muitos títulos e um tipo de letra especial. Pode ser algo grande o

chamativo (BRILHANTE LÍDER KIM JONG-IL blá-blá-blá) ou com uma fonte diferente e chocante (KIM JONG-IL, PAI DO POVO, blá-blá-blá).

Ainda que todas as expressões listadas abaixo sejam usadas em referência a Kim Jong-il, são igualmente aplicáveis a qualquer fantasia paternalista de uma figura onipotente que supostamente virá nos salvar. Se quisermos ser salvos, mais vale colocarmos as mãos à obra e fazer isso por conta própria. "Nada vai funcionar a menos que você faça", disse a poeta Maya Angelou.

Lista de pessoas das quais não precisamos:

Ser Superior

Amado Líder

Venerado Líder

Sábio Líder

Brilhante Líder

Líder Supremo

Caro Líder, perfeita encarnação de como deve ser um líder

Pai do Povo

Luz Guia

Chefe das Forças Armadas Revolucionárias

Garantia da Unificação da Pátria

Destino da Nação

Adorado Pai

Líder do Partido, do País e do Exército

Comandante Inabalável e Sempre Vitorioso

Grande Sol da Nação

Líder Mundial do Século XXI

> Líder Sem Igual
>
> Sol Brilhante do Século XXI
>
> Estadista Impressionante
>
> Grande Homem que Veio do Céu
>
> Glorioso General que Veio do Céu
>
> General Invencível e Triunfante
>
> Estrela-Guia do Século XXI
>
> Grande Homem, Homem de Grandes Feitos
>
> Salvador
>
> Cérebro da Revolução
>
> Suprema Encarnação dos Camaradas
> Revolucionários

AÇÕES

Arranque a própria língua a dentadas

Permita-me contar o que acontece quando alguém abusa do poder. Por exemplo, detendo pessoas por motivos políticos.

"O que devo dizer se for espancada durante o interrogatório?"

"Diga que é errado bater nas pessoas", aconselha um advogado, "e aguente."

"Só isso?", perguntei.

É 2012, uma semana antes de sermos presas. O Pussy Riot está reunido em um café em Moscou. Nossas mochilas estão cheias de coisas, e os olhos, vermelhos depois de uma noite em claro. Já sabemos que o Estado russo decidiu nos prender e processar por um crime punível com até sete anos de prisão. O processo criminal foi aberto, e estamos fugindo. Estou tentando me acostumar com a ideia de que em breve estarei presa. Como um pedaço de bolo atrás do outro.

"Se eles baterem em você, você tem que dizer que vai arrancar sua língua a dentadas antes de depor."

"Oi? Arrancar minha língua?"

"Sim, a dentadas".

"Mas não vou fazer isso!"

"Bem, pelo menos diga de forma convincente que vai".

Todo mundo olha para a mesa.

"Vamos tentar bater uma na outra com uma garrafa e ver se dói", sugere minha amiga.

"Não, não vamos fazer isso agora. Vamos assustar as pessoas."

"Vamos lá fora, então. Como você está? Acha que vai ter muito mais tempo para se preparar para os interrogatórios?"

No dia seguinte, fugimos da polícia e vamos para o campo, um lugar tranquilo. Dá até para ouvir o barulhinho da neve branca sob os pés. Se descemos a colina onde fica a casa até um pequeno riacho, sentimos o cheiro da fumaça dos fogões russos e ouvimos cães de guarda latindo por trás de velhas cercas de madeira.

Entramos no apartamento e nos sentamos no chão. Ficamos olhando para o nada.

"Precisamos dormir um pouco."

"Sim."

Nós cinco ficamos amontoadas em uma cama de casal, como cachorros no frio, e adormecemos.

Passamos dois dias no campo. Pelas manhãs, eu descia a colina para correr às margens do rio. Para me aquecer, dava socos e chutes no ar diante de antigos prédios de tijolos que tinham sido fábricas em algum momento do distante passado soviético.

Respirava o ar do campo com avidez, o que me deixava tonta. Reagi pulando e golpeando o vazio com ainda mais energia.

Apesar do frio, o pequeno riacho no sopé da colina estava tão contaminado de lixo industrial tóxico que não congelava. Houve um momento em que me detive sobre a ponte que o atravessava e escutei os sons ao redor. Podia perceber as casas de madeira, os abetos, o latido dos cachorros, o cheiro de fogão a lenha, o sol, a neve que chegava a cegar e a água que corria sobre as pedras. "E se eu passar vários anos sem ver esse sol e esse rio?", pensei, balançando a perna. "Preciso reunir forças e absorver o calor do sol enquanto posso."

Fiquei imóvel como um dente-de-leão que gira para ficar na direção do sol. Mas, se eu for presa, com certeza vou voltar aqui, para essa ponte, porque é meu rio, meu ar e meu mundo, e não tem canalha no mundo que possa tirá-los de mim.

Foi o que pensei naquela ponte, enquanto esperava pela prisão.

(!)

Quando o Estado decidiu nos prender, não éramos políticas profissionais, revolucionárias nem membros de um grupo secreto. Éramos ativistas e artistas, um pouco ingênuas e diretas, como é comum entre artistas.

Quando fomos presas, mais parecíamos personagens de um filme de Woody Allen do que de *Salt* ou *Tomb Raider*. Isso porque mais ríamos do que tínhamos medo daqueles que nos perseguiam. Ríamos pensando no absurdo daquela situação. Uma enorme equipe de agentes bem-treinados e bem-pagos perseguindo um grupo de garotas zoeiras, esquisitas e com gorros coloridos ridículos na cabeça.

Nós, as cinco mulheres que cantamos a Oração Punk, sentamos perto dos sacos de dormir e tomamos café, aos poucos nos acostumando com a ideia de que cada gole poderia ser o último que tomaríamos do lado de fora.

Alguns dias depois, cerca de uma hora antes de ser presa, pintei de vermelho as unhas das mãos e dos pés, arrumei o cabelo e coloquei uma faixa branca e azul de bolinhas na cabeça. Saí de casa para comprar um presente para minha filha Gera, cujo aniversário seria no dia seguinte, 4 de março. O pai dela, Peter, e eu já tínhamos comprado uma família inteira de texugos de brinquedo para ela, com mãe, pai, filha e filho. Tínhamos saído para achar móveis e uma cozinha para eles, além de uma família de porcos-espinhos para ser seus amigos.

"Parados! Mãos na parede!"

Dez homens à paisana se lançaram diante de Peter e de mim perto das portas de vidro de uma estação de metrô.

Peter foi arremessado contra a parede. "Você fica aqui, seu canalha!"

E me arrastaram para longe dali.

Fomos levados a uma delegacia da polícia comunitária. Os agentes à paisana mostraram distintivos do MUR, o Departamento de Investigação Criminal de Moscou. Estavam vestidos com tênis e agasalhos Adidas e tinham cerca de 1,80 m de altura.

Arranquei a página do meu caderno que tinha a senha de e-mail do Pussy Riot, amassei e engoli. O papel ficou preso na garganta.

"Posso pegar um pouco de água?", perguntei.

"Você não merece ser bem tratada, sua puta!", respondeu um agente do MUR.

Minha reação foi cobrir a cabeça com o capuz e deitar no banco da delegacia. Pensar em conversar com os caras do MUR não me animava. Eu tinha um longo caminho pela frente. Precisava reunir forças.

"É bom ir se acostumando a sentar, sua vaca!"

Outro agente, também de agasalho de treino, me agarrou e me fez sentar.

Peguei um livro.

Peter conseguiu usar seu telefone para fazer uma ligação de cinco segundos para um advogado. Os policiais, enfurecidos porque não tinham conseguido controlá-lo, confiscaram e desmontaram o aparelho.

Um dos agentes do MUR apontou para mim e deu um riso perverso.

"Olha ela fingindo que está lendo essa porra!"

"*Eu estou lendo.*"

Sorri e arrumei minha faixa de bolinhas.

Sempre que me encontro em uma situação psicologicamente difícil, eu leio. E isso dá resultado, porque nunca tive um ataque de pânico. Até hoje. Quando Trump ganhou a eleição nos Estados Unidos, passei dois meses lendo. Foi algo que *realmente* me abalou.

Recupere as ruas

As ruas são nossas veias. As paredes, a pele. Os telhados e as janelas, os olhos. As árvores são os pulmões. Os bancos são a bunda. O trânsito é um arroto. Nos tornamos as cidades em que vivemos. Ainda assim, estamos completamente alienados das decisões tomadas sobre as cidades em que vivemos. É ridículo. Como alguém pode decidir o destino da minha cidade só porque tem dinheiro e eu não posso?

Se você mora na cidade, seu bem-estar depende muito mais da qualidade dos espaços públicos do que dos seus próprios móveis. Adoro cidades com bastante grafite. São cheias de vitalidade e uma vibração sexual e selvagem. Cada cidade é um dragão de mil faces, e isso deveria estar refletido nas ruas.

Se apenas as pegadas de bilionários e corporações estiverem visíveis, isso significa que o dragão está doente e precisa de um médico anarquista que o socorra. Não entendo essas cidades que foram completamente tomadas pelo comércio. Parecem com shoppings onde apenas zumbis podem continuar vivos. Eu não gosto de não poder sentar no chão quando sinto vontade.

"Parece que você está só vendo o tempo passar aqui", me dizem os guardas. Sim, estou. Isso é o que eu chamo de vida. Ver o tempo passar aqui e ali e deixar marcas. Recuperar as ruas, torná-las bonitas, diferentes, controversas, estranhas. As ruas são uma conversa aberta e contínua. As ruas também são relações abertas.

O Occupy Wall Street foi uma das coisas mais inspiradoras que aconteceram até o momento no século XXI. Quando soube de sua existência, mal pude acreditar. O 1% mais rico também entendeu o poder desse movimento e fez o possível para acabar com aquela iniciativa mágica de retomada das ruas.

Era 6 de maio de 2014 e estávamos prestes a ter uma reunião no Senado dos Estados Unidos, em Washington, quando soubemos do caso de Cecily McMillan, uma das decisões mais brutais contra manifestantes do Occupy. Ela foi condenada por crime de agressão em segundo grau após ter sido presa e agredida por um policial de Nova York. Segundo Cecily, ela teve o peito agarrado e manuseado por alguém que estava atrás dela, ao que reagiu dando uma cotovelada no rosto do agressor. O policial contestou a versão dela dos acontecimentos, e o júri ficou do lado dele, motivo pelo qual Cecily poderia ser condenada a sete anos de prisão. Também enfrentamos uma sentença de sete anos por nossos protestos.

Nossa ida ao Senado tinha como propósito pedir maior atenção aos abusos de direitos humanos na Rússia, mas ficamos tão chocados com o caso de Cecily – a quem consideramos uma prisioneira política americana – que decidimos ir mais longe e falar também sobre ela, primeiro no Senado e depois na conferência de imprensa em Capitol Hill, bairro em que fica o Capitólio. Em vez de chamá-lo de Capitol Hill, passamos a falar Capitol Hell, brincando com a ideia de *hell*, "inferno".

Poucos dias depois da audiência no Senado, em 9 de maio, conheci Cecily McMillan no Centro Rose M. Singer, na ilha de Rikers, em um complexo com dez prisões na costa de Nova York, com capacidade para até 15 mil prisioneiros. Cecily tem carisma político excepcional, uma característica que nem todo ativista social ou político consegue cultivar com sucesso. Ela luta contra a indiferença social. Seus ideais são o voluntariado, a solidariedade e a consideração mútua das lutas de outras pessoas – sentimentos que passaram longe do tribunal no dia em que foi julgada.

O juiz que presidia o caso, Ronald Zweibel, parecia estar do lado dos promotores desde o começo – por repetidas vezes, ele proibiu a defesa de mostrar ao júri provas de que a ação física de Cecily de usar os cotovelos contra a polícia não havia sido sem justa causa. O uso da força pelos policiais para dispersar os ativistas do Occupy não tinha sido um evento isolado, e Cecily insistiu que havido reagido contra o assédio sexual. O juiz denegou o acesso do júri a essa informação durante o julgamento. No dia 5 de maio, Cecily foi considerada culpada.

Apesar de nove dos doze integrantes do júri terem escrito uma carta ao juiz pedindo que Cecily não fosse encarcerada, ela poderia ser condenada a sete anos de prisão. No dia em que recebeu a sentença, os jurados não tinham conhecimento do artigo usado para acusar Cecily nem sabiam que o artigo estipulava prisão. A mudança de opinião do júri nos faz lembrar uma citação de Lucas 23:34: "Eles não sabem o que fazem". O destino de Cecily McMillan é um exemplo perfeito de por que seu ativismo é necessário: ela foi presa pela incapacidade do júri de aceitar os problemas da acusada como sendo também deles, bem como de dedicar o devido tempo e a atenção durante o julgamento para buscar justiça.

Eu e meus colegas de Pussy Riot, Masha e Peter, fomos visitar Cecily na ilha de Rikers. Talvez ela tenha sido a prisioneira mais feliz que já conhecemos. Ela nos disse com grande orgulho que uma de suas melhores virtudes era a capacidade de conversar com pessoas de diferentes categorias e grupos sociais. Seu principal objetivo consistia em encontrar pontos de contato entre setores sociais fechados e criar uma plataforma de ação coletiva. Em vários momentos da vida, Cecily se viu em camadas completamente diferentes da sociedade estadunidense, passando de uma esfera de linguagem e experiência para outra. Era precisamente este o interesse de Cecily – dominar essas "outras línguas", compreender os círculos sociais distintos daquele em que ela havia nascido, crescido e no qual tinha desenvolvido sua carreira e conhecer as experiências de outras pessoas.

Cecily pretendia recuperar gradualmente o diálogo social perdido entre o 1% mais rico, que basicamente é dono de tudo, e os 99% que precisam viver à sua sombra. Ela também se opõe às políticas do governador de Wisconsin, Scott Walker, que, buscando limitar ainda mais os direitos sindicais, autorizou a prisão de centenas de pessoas cujo único delito tinha sido cantar no Capitólio do Estado. (Passei dois anos na prisão por cantar uma música sobre Putin e continuo sem entender como alguém pode ser preso por cantar.) Se o objetivo de Walker é eliminar vozes indesejáveis, o objetivo de Cecily era devolvê-las ao povo que tinha sido privado delas.

O caso de Cecily McMillan é um reflexo da política global. O veredito do juiz Zweibel marcou a tomada de um novo e perigoso caminho nos Estados Unidos e em países indiretamente impactados pelas políticas internas do país. Depois de visitar Cecily na cadeia, perguntei a mim mesma: "Será que o juiz Zweibel poderia se desligar dessas práticas e, como um verdadeiro patriota, admitir a culpa e revogar um veredito judicial tão vergonhoso?".

Observação: Após três meses na ilha de Rikers, Cecily foi libertada, passando a cumprir cinco anos de liberdade condicional.

(!)

Vamos para as ruas reivindicar o que é nosso. As ruas, as praças, as esquinas, os pátios, as margens, os rios: todos são públicos. A educação, a saúde, o transporte e os recursos naturais também. Não podemos esquecer disso.

Temos sinais mais do que suficientes de que é possível mudar. As pessoas estão dispostas a compartilhar seu tempo, energia, inteligência e coração para alcançar seus sonhos. O enorme apoio às forças progressistas mundiais é evidente para todos: para Jeremy Corbyn, que ganhou os votos da geração jovem na Grã-Bretanha; para Bernie Sanders, nos Estados Unidos; para o partido Podemos na Espanha. E na Rússia também, onde têm acontecido enormes protestos contra Putin e seus companheiros oligarcas, uma impressionante campanha popular por um futuro alternativo para o país.

"Pessoas de todo o mundo estão se mobilizando contra a austeridade e as imensas desigualdades de renda e riqueza", disse Bernie Sanders no encontro People's Summit, em Chicago, logo após o surpreendente resultado do Partido Trabalhista britânico, de Corbyn, nas eleições de junho de 2017. O povo do Reino Unido, dos Estados Unidos e de toda parte quer governos que representem todas as pessoas, não apenas o 1%.

HERÓIS

Os irmãos Berrigan

Como ativista, muitas vezes me perguntam: Por qual causa você está lutando? Por que devemos nos organizar?

Temos motivos bastante razoáveis como resposta: precisamos de uma democracia real, de melhor qualidade de vida para os 99%, de meios de comunicação livres e independentes, de oportunidades mais amplas, de acesso a medicamentos e assistência médica e responsabilidade ambiental. Ainda assim, há momentos em que, como ser humano, bate um certo cansaço por ser ativista. Simplesmente ficamos exauridos.

Nesses momentos, podemos encontrar inspiração em musas que andam pela vida com tanta elegância, compromisso e coragem, lutando com educação e beleza, mas sem fazer concessões. Não são figuras mitológicas nem produto de contos de fadas ou milagres. Elas são reais. Olhe ao redor. Livre-se da dor que aflige seus ombros, sacuda a poeira e vá marchar com suas musas. Faça um esforço para falar na "mais improvável e mais rara das línguas: a verdade", como diz Daniel Berrigan.

Pessoas como os irmãos Berrigan, Daniel e Philip, são as musas do ativismo. Philip Berrigan serviu no Exército dos Estados Unidos na Segunda Guerra Mundial, depois se tornou padre em 1955. Daniel Berrigan, intelectual e teólogo, foi ordenado em 1952. Ele nos brinda com uma das melhores razões possíveis para manter a motivação para detectar abusos de poder. "Como devemos educar os homens para a bondade, para a solidariedade, para o amor à verdade? E o que é mais urgente, como fazer isso em tempos ruins?" (citação da capa da *Time*, 25 de janeiro de 1971). Segundo ele diz em *The Nightmare of God:*

The Book of Revelation [O pesadelo de Deus: o livro do Apocalipse], "depois de certo tempo, não conseguimos sequer imaginar uma realidade alternativa àquela pela qual fomos escravizados – seja educacional, jurídica, médica, política, religiosa ou familiar. O contrato social se estreita, a socialização se torna uma simples lavagem cerebral. Os métodos e estilos alternativos são ignorados ou nem chegam a ser criados". Como ativista antiguerra e primeiro padre a entrar na lista dos mais procurados do FBI, Daniel colaborou com seu irmão, Philip, Howard Zinn e Martin Luther King Jr. em manifestações contra a guerra e resistiu ao imperialismo militar americano nos tempos turbulentos da Guerra do Vietnã. Já Philip Berrigan, ao longo da vida, ficou onze anos preso por conta de suas ações de protesto.

Em 1967, Philip Berrigan e seus companheiros (os "Quatro de Baltimore" – dois católicos e dois protestantes, sendo um deles artista e os outros dois ex-militares, incluindo Berrigan, que tinha sido tenente de infantaria) ocuparam o Conselho de Serviço Seletivo, um edifício militar em Baltimore onde acontecia o recrutamento para o Exército, e derramaram sangue humano e de frango sobre os arquivos, em um protesto pelo "lamentável derramamento de sangue estadunidense e vietnamita na Indochina". Philip Berrigan e outros foram presos pela ação. Seu julgamento ocorreu na mesma época do assassinato de Martin Luther King Jr. e das revoltas subsequentes em Baltimore e em outras cidades americanas. Berrigan foi condenado a cumprir seis anos em uma prisão federal, mas sua ação não violenta marcou o início de uma série de manifestações antiguerra mais radicais.

"Na conjuntura atual, penso que a Igreja deve se pronunciar contra a cultura da morte. Depois de tantos julgamentos e prisões, creio que aprendemos algo sobre o preço que se paga por essa palavra", escreve Daniel Berrigan.

Em 1968, Philip Berrigan foi libertado sob fiança. Claro que os irmãos não pararam por aí. Philip e Daniel, junto com outros sete ativistas (o grupo ficou conhecido como os "Nove de Catonsville"), entraram em um escritório de recrutamento em Catonsville, Maryland, retiraram seiscentos registros de alistamento, mergulharam em napalm caseiro e os queimaram na frente do edifício.

"Confrontamos a Igreja Católica Romana, outras entidades cristãs e as sinagogas dos Estados Unidos por seu silêncio e covardia diante dos crimes de nosso país. Estamos convencidos de que a burocracia religiosa deste país é racista, cúmplice desta guerra e hostil aos pobres", disseram eles. Os irmãos foram condenados a três anos de prisão por conspiração e destruição de propriedade do governo. Chegaram a se esconder, mas foram presos e forçados a cumprir a sentença.

A história desses corajosos padres não para por aí, mas vou calar a boca e deixar os interessados procurar saber mais por conta própria. Faça isso nos momentos difíceis, quando sentir que ser ativista está sendo pesado demais. E se você jogasse a toalha?

Um dos maiores desafios que enfrentamos ao resistir aos abusos de poder é ter que buscar constantemente mais inspiração e motivação. Você toma porrada e não só aguenta o tranco, mas busca dentro de si mesmo coragem e energia para tirar onda e ainda dar risada. **O segredo é a perseverança. Se os abusos de poder insistem em acontecer, devemos insistir em identificá-los e construir futuros alternativos.**

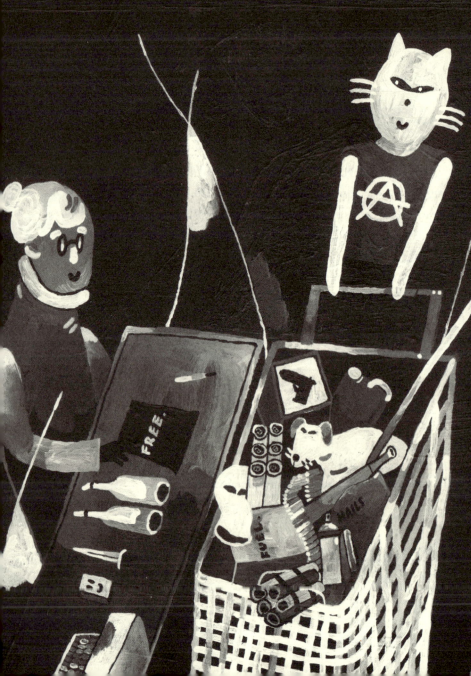

REGRA Nº 7

NÃO DESISTA FÁCIL. RESISTA. ORGANIZE-SE.

Quando você diz que o rei está nu, a guarda real pode encher você de porrada. Vão dizer que você é um louco, um demente; que é um idiota perigoso e pervertido. Mas a verdade é que você é um idiota feliz porque conhece a alegria de quem diz a verdade.

A arte e a liberdade, como o fogo de Prometeu,
devem ser roubadas para que possam ser utilizadas
contra a ordem estabelecida.
PABLO PICASSO

A prisão pode ser extasiante. Dizem que nem
na prisão em DC é possível chegar ao ponto em
que chegamos. Estamos em um beco sem saída:
trancafiados 24 horas por dia, duas pessoas
em uma cela onde mal há lugar para uma,
compartilhando o espaço com ratos, moscas e
toda uma fauna que não foi convidada. A comida é
empurrada pela porta, imunda, degradada.
Mas eu não escolheria outro lugar para estar no
planeta. Acho que cheguei ao ponto em que grandes
mudanças acontecem. E a mudança já começou.
DANIEL BERRIGAN, *The Nightmare of God.*

O homem que possui liberdade interior, memória
e um pouco de medo é a folha, a farpa de madeira
capaz de mudar o curso do rio.
Nadezhda Mandelstam, *Hope Abandoned*
[Esperança abandonada].

PALAVRAS

O que nos leva a agir? Da minha parte, estou furiosa porque as principais instituições políticas da Rússia são a polícia, o Exército, as agências de inteligência e as prisões, comandadas por um louco solitário metido a super-herói, cavalgando seminu sem medo de ninguém (a não ser dos gays). Um homem tão generoso que entregou metade do país de bandeja para seus melhores amigos, os oligarcas. Que tipo de ação é essa?

Se trabalharmos lado a lado, poderemos construir instituições diferentes.

Não queremos ser caretas e passivas, *posers* conformistas seduzidas pelo conforto, aprisionadas em um eterno ritual de consumo, sempre comprando as merdas que esfregam na nossa cara, sem nunca nos lembrarmos de fazer perguntas diretas e relevantes, como se nosso objetivo fosse só chegar ao fim de mais um dia.

Encare as cicatrizes como medalhas de honra ao mérito

Eles vão fazer de tudo para calar sua boca e tirar você de circulação.

É preciso ter disposição para transformar obstáculos e tragédias em força e capacidade de acreditar. Dê um jeito de fazer isso, nem que precise pagar caro por isso. Pague o preço que for, pois vale cada centavo.

Eu e as outras integrantes do Pussy Riot desenvolvemos esse superpoder no período em que fomos julgadas, condenadas e encarceradas. **Ironicamente, foi justamente quando nos prende-ram que encontramos uma forma sublime de libertação.** Embora estivéssemos fisicamente confinadas, éramos mais livres que qualquer pessoa no lado da acusação. Podíamos dizer tudo o que quiséssemos e dissemos tudo o que quisemos. Os promotores só podiam seguir o roteiro dado pelos censores políticos.

Nenhuma palavra saía da boca deles. Eles não passavam de marionetes.

A estagnação e a busca pela verdade são diametralmente opostas. Nesse caso, assim como em todos os casos de julgamento político, vemos de um lado pessoas que estão em busca da verdade, enquanto de outro vemos aqueles que desejam agrilhoar quem quer saber a verdade. Foi nossa busca pela verdade que nos levou à Catedral de Cristo Salvador. Fomos perseguidas em nome do cristianismo. Mas, pelo que aprendi enquanto estudava o Antigo Testamento e, sobretudo, o Novo Testamento, acredito que o cristianismo esteja do lado da busca pela verdade e pela constante superação de si mesmo, daquilo que você já foi.

Apesar disso, não vi qualquer evidência de perdão em nosso julgamento.

Todo mundo deveria se lembrar de que o ser humano erra constantemente, sem nunca encontrar a perfeição; busca a sabedoria, embora jamais seja capaz de encontrá-la. É por isso que a filosofia nasceu. É isso que leva os filósofos a agir, pensar, viver e, acima de tudo, conservar a poesia em sua forma de ver o mundo.

Na poesia, assim como nos julgamentos políticos, não há vencedores nem perdedores. Unidos, podemos ser filósofos em busca de sabedoria, em vez de estigmatizar e rotular as pessoas.

(!)

O preço pago por participar da história no momento de sua criação é alto demais para o indivíduo. Mas a essência da existência humana se encontra justamente nessa participação. Viver como mendigo e, ainda assim, enriquecer quem está ao nosso redor. Não ter nada, mas possuir tudo.

Você se lembra do que levou o jovem Fiódor Dostoiévski a ser condenado à morte? Seu crime foi se interessar pelas teorias socialistas e, durante os encontros com amigos e livres-pensadores às sextas-feiras no apartamento de Mikhail Petrachevski, debater os textos de Charles Fourier e George Sand. Em uma das últimas sextas-feiras, ele leu em voz alta a carta de Vissarion Belinski a Nikolai Gógol, a qual, de acordo com o tribunal que julgou Dostoiévski, estava repleta de "afirmações contra a Igreja Ortodoxa e as autoridades supremas". Dostoiévski foi levado ao pelotão de fuzilamento, mas, depois de "dez minutos de agonia à espera da morte", foi informado de que sua sentença havia sido convertida a quatro anos de trabalhos forçados na Sibéria, seguidos de serviço militar. No mesmo dia, ele escreveu para o irmão: "A vida está por toda parte, a vida em nós mesmos, não naquilo que nos é alheio".

Sócrates foi acusado de corromper os jovens com seus debates filosóficos e de se recusar a aceitar os deuses atenienses. Ele mantinha um contato direto com a voz divina e, conforme repetiu tantas vezes, estava longe de ser inimigo dos deuses. Mas que diferença isso poderia fazer quando Sócrates desagradou os cidadãos influentes de sua cidade, com seu pensamento crítico, dialético, livre de preconceitos? Foi condenado à morte e, depois de se negar a fugir de Atenas (como queriam seus alunos), corajosamente bebeu um copo de cicuta e morreu.

Injustiça em nome da religião. Tratar aqueles que buscam a verdade como loucos. Até mesmo Cristo, que para muitos estava possuído pelo "demônio e fora de si" (João 10:20), foi condenado à morte por crimes contra a religião: "Não vamos apedrejá-lo por nenhuma boa obra, mas pela blasfêmia" (João 10:33).

Se as autoridades, czares, presidentes, primeiros-ministros e juízes compreendessem o significado da frase: "Desejo misericórdia, não sacrifícios" (Mateus 9:13), jamais submeteriam os inocentes ao tribunal. Contudo, as autoridades ainda se apressam para condenar, mas nunca pensam em rever suas sentenças.

Se você permite que outra pessoa determine o que é central para você, você aceita o jogo dos outros. Mas, quando você tenta caminhar pelo certo, você pode encarar qualquer um e mandá-lo para o inferno.

TERMOS QUE TODOS OS MEMBROS DA RESISTÊNCIA DEVEM CONHECER

GANÂNCIA Um sentimento que tenta nos convencer de que o dinheiro e a fama são importantes. Se você não enfrenta a ganância ativamente, ela pode acabar te seduzindo. E, quando você menos esperar, estará fazendo umas merdas que nunca teria imaginado fazer quando era criança. Quando a ganância toma conta, você deixa de ver as coisas com clareza. Torna-se um membro orgulhoso do clube dos babacas. Porcos não são capazes de voar, mesmo que sejam geneticamente alterados.

IMPEACHMENT Algo que você deve exigir sempre que seu presidente for um cuzão perigoso e incontrolável, a cada dia inventando um novo jeito de regredir ainda maio.

FASCISMO DE CELEBRIDADE Uma doença que precisa ser erradicada a todo custo. Trata-se de um estado de espírito profundamente corrupto, que faz a pessoa acreditar que o dinheiro e o status permitem que ela seja escrota e cometa crimes sem medo da punição. "Quando você é famoso, deixam você fazer o que quiser. Você pode fazer qualquer coisa. Até pegá-las pela boceta."

CLITÓRIS Uma parte importantíssima do corpo feminino que foi intensamente reprimida pela cultura patriarcal. Às vezes é ignorado pela sociedade falocêntrica, outras vezes destruído por mutilações bárbaras.

OBSTRUÇÃO DE JUSTIÇA Um dos principais métodos para lidar com um país e controlar o trabalho dos órgãos policiais, de acordo com Putin. Trump compartilha os pontos de vista de Putin a esse respeito.

EDUCAÇÃO GRATUITA Deveria ser o direito de todos.

ORGANIZAÇÃO Fundamental para quem quebra as regras. O único caminho possível. Ocupe as ruas e as praças e não saia até que todas as suas exigências sejam acatadas. Conspire, exija, persista. Existe um monstro dentro de cada um de nós, e ele exige honestidade.

BOCETA Algo que você não vai chegar nem perto se não participar da revolta. Sem revolta, nada de boceta.

> **PUTIN** Um minúsculo e malicioso agente da KGB,
> cujo objetivo é roubar mais e mais dinheiro
> do povo russo que faria de tudo para ver uma
> oligarquia patriarcal e sem ética se espalhar
> pelo planeta.

AÇÕES

A liberdade é o crime que contém todos os crimes

Ser preso é uma experiência quase religiosa. **No momento em que você é detido, é arrancado da crença autocentrada de que é capaz de controlar o mundo.** Você está só e é obrigado a encarar um vasto oceano de incertezas. Só conseguirá navegar nesse oceano se tiver a mente limpa, sorriso no rosto e muita convicção.

Ninguém nos explicou porque fomos presas, e também não perguntamos. Algumas coisas não precisam ser ditas. Chaves, telefones, computadores e passaportes foram confiscados.

Após o cumprimento de todas as formalidades, nos colocaram no corredor da delegacia com o oficial da polícia política responsável pelo caso. "A propósito, vocês se esconderam muito bem. Nós nos viramos do avesso para achar vocês. Parabéns."

Meu primeiro interrogatório começa às 4h07. Eu me nego a testemunhar. Uma hora depois, sou levada para o Centro de Detenção Provisória na rua Petrovka, número 38. As detentas caminham algemadas, escoltadas pelos guardas. Na ronda seguinte roubam meus cadarços, meu lenço, minhas botas, meu sutiã e minha faixa de bolinhas.

Uma guarda loira me manda tirar a roupa, abrir as pernas e me curvar. Ela afasta minhas nádegas com as minhas mãos.

"Anda logo, isto aqui não é o jardim de infância!", afirma uma guarda morena, parceira da loira.

Escrevo um comunicado oficial avisando que vou entrar em greve de fome por tempo indeterminado.

Já estou com uma fome do cão.

Minha mente vaga enquanto escrevo meus pensamentos. Era isto que passava pela minha cabeça na hora, mas não precisei escrever para me lembrar pelo resto da vida:

Existem tantas coisas que não dei conta de fazer. Eu tinha tantas ideias. Para alguém da minha idade, fiz tão pouca coisa. Se eu soubesse que iriam me enfiar na cadeia aos 22 anos de idade... Será que remédios para dor de cabeça são permitidos na cadeia? Tomo todos os dias. Fora os textos que não terminei de escrever; Amanhã é aniversário da minha filha Gera. Eu nem terminei de comprar os presentes dela. O que ela vai pensar? Como ela está se virando longe de mim? Quando vou conseguir voltar? Será que vou voltar? Onde estou? O que acontece com uma pessoa encarcerada? É como se ela tivesse morrido para as outras pessoas, né?

Chegar à sua primeira cela é um alívio. Finalmente os policiais e os investigadores não estão ao redor. Acabam-se as questões. É só você e a parede na sua frente.

Ligo o rádio. "Integrantes do controverso grupo Pussy Riot, responsáveis por perturbar a ordem pública na Catedral de Cristo Salvador, foram detidas e enviadas para o Centro de Detenção Provisória. Elas estão sob investigação", relata a rádio Rossi.

"Muito obrigado pela notícia, viu. Como se a gente precisasse do rádio pra saber disso", grito para o aparelho, enquanto tremo na cama da cela.

Três dias depois de termos sido presas, somos levadas ao tribunal que – surpresa! – decidiu nos deixar em prisão preventiva durante a investigação (a respeito de uma atividade criminal perigosíssima: meninas pulando por quarenta segundos).

Era isso que estava escrito nos arquivos do meu caso, número 17.780:

> As restrições pré-julgamento que não envolvem detenção serão incapazes de garantir que a acusada cumpra as obrigações impostas pelo Código de Processo Penal, permitindo que Tolokonnikova escape, obstrua a investigação e continue a se envolver na atividade que levou às acusações criminais.

É isso que a polícia costuma dizer quando precisa deter alguém por muito tempo. Não quer dizer que o que disseram é mentira: não tenho dúvidas de que, se ficasse fora da prisão, eu realmente continuaria a me "envolver na atividade que levou às acusações criminais". Disso não tenho a menor dúvida.

(!)

O Centro de Detenção Provisória Feminino nº 6 é um lugar mágico, de uma beleza cruel. A velha fortaleza de tijolos foi construída em forma retangular. No centro, um enorme pátio abriga uma estrutura de concreto dividida em setores, por onde suspeitas, rés e condenadas são levadas para caminhar.

É um castelo úmido, cujas paredes de tijolo são tomadas por um fedor constante de lixo e podridão. E ,pelo badalar dos sinos da igreja vizinha, todos os domingos.

Em algumas celas, 54 pessoas ficam amontoadas, embora só tenham 41 camas. As meninas dormem sob os bancos e saem por debaixo da mesa pela manhã. Uma moça grávida dorme dentro de um catre quebrado. Nas celas há muito barulho e gritaria.

As recém-chegadas passam por uma sala sombria, com paredes verde-escuras e lâmpadas velhas empoeiradas. No fundo da sala, uma mulher parece ser muito jovem ou já ter quase quarenta anos de idade. É difícil dizer, porque a expressão de indiferença e de cansaço em seu rosto seria capaz de envelhecer até uma mocinha de dezoito anos. É ela quem entrega os colchonetes.

Carregando o colchonete e cambaleando depois de dez dias sem comer, subo até o terceiro andar. Em torno da escada, uma parede semicircular de tijolos repleta de janelas estreitas feitas de vidro grosso.

A cada dia de greve de fome, a pressão sanguínea cai mais um pouco. As dores de cabeça são tão intensas que é difícil levantar da cama. Pela primeira vez na vida, sinto meus rins (já que eles também doem), a pele está seca, e os lábios, rachados.

Finalmente, engulo um pedaço de pão, que escorrega pela garganta junto com um chá regional, um líquido marrom-claro, doce e morno. Depois da greve de fome, você passa a respeitar o pão feito na prisão.

(!)

Aprendi algumas coisas na prisão. Antes eu não conseguia fazer flexões encostando os seios no chão. Na prisão, perco até a conta. Durante os banhos de sol, faço séries de exercícios para ficar cansada.

(!)

Seis meses depois de sermos presas, o cachorro do oficial de justiça, que ficou parado ao lado de nossa jaula por três horas, com uma expressão triste e atormentada, virou repentinamente o corpo, com os músculos tesos, e depois de uma rápida convulsão ejetou uma poça de vômito no chão de madeira.

O oficial de justiça olhou para o cachorro com ar de reprovação, e o juiz fez uma breve pausa, mas logo continuou sem dar muita atenção. As pessoas na tribuna começaram a rir. Pelo resto do dia, olhamos com pena para o cachorro. Por alguma razão, a poça de vômito só foi limpa depois de três horas.

"Fique parada! Sem movimentos bruscos!"

No porão do cárcere que fica no prédio do tribunal, fomos atacadas por outro cão e seu mestre, um homem rijo e taciturno, que se parecia, ao mesmo tempo, com o herói anti-intelectual de um filme de ação hollywoodiano e com um ator pornô interpretando um homem simples e rústico. O cão latia desesperadamente e tentava nos atacar. O cara cravou as pernas no chão, usando todo seu peso para afastar o cachorro. Mas o cão continuava a ladrar.

"Com licença, mas por que seu cachorro está tão agitado?", perguntei.

"Ela foi treinada para reagir ao cheiro da cadeia."

Que ótimo. Agora até mesmo os cachorros vão me tratar como um ser inferior porque estou na prisão.

(!)

Muitas coisas estranhas aconteceram enquanto estávamos na prisão preventiva.

Uma das companheiras de cela é uma ex-investigadora da polícia. Ela era uma daquelas pessoas que seguiu o sonho de se tornar policial depois de ver uma série de TV sobre bons policiais quando era criança. Durante os anos 1990, ela investigava crimes, salvando cidadãos de policiais malvados e era feliz. Em

2003, pediu exoneração porque perdeu o interesse pela carreira. Ninguém queria resolver os crimes. Na verdade, tudo que se esperava dos policiais é que fossem submissos e incondicionalmente fiéis, a ponto de estarem dispostos a infringir a lei. Seu ex-marido, também policial, a colocou na cadeia por um crime que ela não cometeu. Estava sendo acusada de fraude. Porém, o próprio ex-marido falava abertamente que havia armado o caso contra ela e que, se ela passasse um apartamento para o nome dele, o caso seria arquivado e ela seria liberada. Ela se negou a entregar o imóvel para ele e, por isso, estava na cadeia.

Um dia, durante o julgamento do Pussy Riot, ela teve uma revelação e concluiu que as palavras de São João Evangelista iriam se concretizar, libertando a Rússia da abominação putinista.

Enquanto isso, um padre que queria pedir desculpas ao Pussy Riot foi banido do ministério pela Igreja.

Um homem que afirmava ser apoiador do Pussy Riot usou um machado para tentar matar o juiz que permitiu que fôssemos presas.

Ativistas da Igreja Ortodoxa caminhavam ao redor do tribunal cantando: "Todo poder provém de Deus! Mande as bruxas para a fogueira". Pessoas vestidas como cossacos tentaram fazer uma fogueira para as bruxas.

O tribunal estava cercado de pessoas que nos apoiavam. E também de algumas que nos odiavam – ativistas cristãos ortodoxos que exigiam dez anos de prisão para nós e que vestiam camisetas com os dizeres "Cristianismo ortodoxo ou morte".

A juíza do nosso caso se queixou, afirmando que estava sendo publicamente ridicularizada simplesmente por cumprir sua função. De fato, ativistas que a viram caminhando pelos corredores do tribunal gritaram: "Que vergonha! Que vergonha!". No dia anterior ao anúncio do veredito, a juíza passou a andar com escolta policial.

RECEITAS DE ANO-NOVO DA PENITENCIÁRIA

SALADA OLIVIER
Macarrão instantâneo (no lugar das batatas,
   porque cozinhar batatas é proibido)
Picles de pepino
Ervilha em conserva
Cebola
Maionese (muita)
Peixe / carne em conserva (em vez da popular
   linguiça Doktorskaia)

BOLO DE ANO-NOVO
Biscoitos
Manteiga
Leite condensado (bastante)
Coloque os ingredientes no pote de maionese vazio
   (já que é o único pote à disposição) e misture tudo.
Bom apetite e feliz Ano-Novo!

As celas ficavam no porão do tribunal, onde esperávamos pelos guardas que nos levariam até a sala de audiência. Sempre estavam nojentas, eram escuras e pequenas. Então, estávamos lá comendo bolacha de água e sal, lendo nas paredes os recados deixados por outros prisioneiros: "A Rússia será livre", "O sol brilha para os ladrões, mas não brilha para a polícia", "ACAB", poemas de amor (de todo tipo).

Ficamos lá sentadas em um banco sujo, tendo que aguentar os guardas e seus comentários idiotas. É difícil manter um pouco de amor-próprio nessas horas. Você sabe que vai ter de encarar seus amigos, parentes e apoiadores do lado de fora e não quer mostrar como a experiência prisional é humilhante e desanimadora. Sorrir é um ato de resistência. Ou, se preferir, uma questão de princípio. A vida na cadeia é dura e sombria, mas as pessoas que nos botaram lá dentro não podem ter o prazer de assistir ao nosso sofrimento. Foda-se, caro governo. **Meu sorriso é minha arma mais potente.**

É estranho ouvir alguém lendo sua sentença em voz alta. Eu só tinha visto essas coisas no cinema. Esperam que você não durma na noite anterior à declaração da sentença. Eu me neguei a seguir essa tradição e dormi como um bebê. Se você está prestes a ser levado para um campo de prisioneiros onde terá que trabalhar como um escravo, é melhor dormir enquanto tiver chance.

Quando a sentença é proferida, você precisa estar algemado. Durante quatro horas, fica em pé, com as mãos algemadas, escutando aquelas merdas que nem sequer foram escritas pela juíza. Esse tipo de decisão vem diretamente do gabinete presidencial. Você escuta e já sabe de antemão – pelos interrogadores, pelos promotores, pelos comentários feitos por Putin e pela propaganda do governo na TV – que não vai sair tão cedo da prisão.

"O comportamento das rés não pode ser corrigido sem isolamento da sociedade", afirma a juíza, e a gente sabe muito bem o que isso quer dizer. Vamos para um campo de trabalho forçado. E ela acrescenta: "Dois anos". Parece uma eternidade. Todo dia na prisão é uma eternidade.

Fomos levadas de volta ao Centro de Detenção, cercadas por cinco carros e alguns ônibus da polícia. Eles literalmente bloquearam as ruas para nos levar até a penitenciária porque temiam que os manifestantes pudessem nos libertar. Eu pensava sobre como seria minha vida em uma colônia penal e tentava me convencer de que seria um desafio interessante para mim como ativista.

HERÓIS

Emmeline Pankhurst

A luta pelo sufrágio feminino – o direito de voto das mulheres nas eleições – foi longa e árdua. Os oligarcas brancos que detinham o poder não queriam compartilhá-lo com ninguém que fosse diferente deles – mesmo hoje, veja como se esforçam para impedir que os pobres e as minorias votem nos Estados Unidos. Então, na virada do século XX, quando as mulheres se uniram para exigir os mesmos direitos concedidos aos homens, isso ficou claro: a luta seria intensa.

Uma das grandes pioneiras do voto feminino foi Emmeline Pankhurst. Aprendi sobre a história de Pankhurst quando ainda estava na escola. Na aula de inglês, precisava escolher uma figura histórica para apresentar para a sala. Meu caso com Emmeline começou quando cometi um erro de ortografia ao escrever seu sobrenome: durante um bom tempo eu tinha certeza de que o correto era "Punkhurst", que soava lindamente para os meus ouvidos russos. Algo como "Punk Thirst" ou "Sede Punk". Por isso, na minha cabeça Pankhurst era a mãe do punk inglês.

Emmeline Goulden nasceu em Manchester, na Inglaterra, em 1858. O homem com quem se casou, Richard Pankhurst, era um advogado favorável ao sufrágio feminino, que chegou a escrever um projeto de lei nos anos 1860. Com o apoio do marido, Emmeline fundou a Women's Franchise League [Liga pelo Direito ao Voto Feminino] e obteve o direito de votar nas eleições locais. Após a morte do marido, ela fundou a Women's Social and Political Union [União Política e Social Feminina], incluindo as filhas Christabel e Sylvia. A organização trabalhava em prol de reformas sociais, sobretudo o voto. Deem-nos o direito de votar, diziam as mulheres, e nós poderemos cumprir plenamente com as obrigações como cidadãs.

Frustradas pela inação do governo, as mulheres se tornaram "militantes" – a palavra escolhida pelos homens para definir mulheres que não se comportam. Emmeline sempre era presa e, quando fazia greves de fome na prisão, era alimentada à força. **Quando os médicos da penitenciária me atenderam no oitavo dia de greve de fome e disseram que eu seria alimentada à força, eu me lembrei de Emmeline.**

Christabel organizou um grupo de incendiárias. Mulheres do mundo todo organizaram ações radicais. Elas jogavam ácido em caixas de correio, quebravam janelas e se acorrentavam às linhas de trem. Na ação mais dramática, uma mulher chamada Emily Davison correu para o hipódromo durante o Derby, a corrida de cavalos mais importante da Inglaterra, e feriu-se gravemente ao se chocar com os cavalos e morreu dias depois.

Embora os homens se horrorizassem com atitudes tão pouco dignas de uma mulher, as sufragistas eram absolutamente destemidas. O governo britânico percebeu que não pegava nada bem enfiar tubos de alimentação na garganta das prisioneiras para impedir que elas morressem de fome, então aprovaram a "Lei do Gato e Rato". Mulheres que fizessem greve de fome eram libertadas e presas novamente quando recuperassem um pouco de força. Emmeline passou por isso doze vezes em um ano graças a essa lei. Ela afirmava ser uma "soldada".

Tinha clareza do que precisava ser feito para que as mulheres fossem tratadas como seres humanos. O governo teria que matar as mulheres ou conceder a elas o direito de votar.

Em 1913, Emmeline discursou para suas apoiadoras em Hartford, Connecticut. (As sufragistas também foram presas e alimentadas à força nos Estados Unidos, naturalmente.) Em sua fala, argumentou:

> Digamos que você tem dois filhos que estão com muita fome e querem mamar. Um dos bebês é muito paciente e espera indefinidamente até que a mãe esteja pronta para amamentar. O outro é impaciente, chora com vontade, grita, chuta e incomoda todo mundo até ser alimentado. Bom, sabemos perfeitamente qual deles vai ser atendido primeiro. Essa é basicamente a história da política.

Então veio a Primeira Guerra Mundial. Depois disso, até mesmo o governo mais reacionário teve dificuldades para negar as contribuições femininas durante a guerra, e as mulheres dos Estados Unidos e do Reino Unido conquistaram o direito ao voto logo em seguida, embora, no Reino Unido, fossem apenas aquelas com mais de trinta anos (juntamente com milhares de homens com mais de 21 anos que não tinham "propriedades"). Em 1928, o ano da morte de Emmeline Pankhurst, as mulheres conquistaram o direito de votar com a mesma idade que os homens.

Assim como muitos outros direitos concedidos à revelia pelo Estado, o direito ao voto é frágil. As mulheres só conquistaram o direito de votar nas eleições nacionais suíças em 1971. Isso para não falar da Arábia Saudita. O direito de escolha das mulheres é garantido em nível nacional e local. Sete estados dos Estados Unidos possuem apenas uma clínica que tem permissão de realizar abortos. Quais são as garantias do casamento gay? E do sistema público de saúde? Direitos conquistados a duras penas por mulheres como Emmeline Pankhurst não têm garantia de permanência. Precisamos lutar não apenas por novos direitos, mas pela proteção daqueles que já temos. Como bebês famintos, temos que chutar, gritar e fazer um inferno se quisermos ser alimentados.

REGRA Nº 8

ESCAPE DA PRISÃO

O sistema prisional moderno,
na estrutura vigente na Rússia,
nos Estados Unidos, na China,
no Brasil, na Índia e em muitos
outros países — como uma ilha
onde a tortura é legalizada —,
deve ser destruído. Ponto final.

É possível julgar o grau de civilização de uma
sociedade visitando suas prisões.
FIÓDOR DOSTOIÉVSKI, *Recordações da casa dos mortos*.

Quero dizer que devemos abolir a função social das prisões.
ANGELA DAVIS

Enquanto houver uma classe inferior, faço parte dela;
enquanto houver um elemento criminoso, estarei com ele;
e, enquanto houver uma alma na prisão, não serei livre.
EUGENE V. DEBS, depoimento ao tribunal após ser condenado
por violar a Lei da Sedição, 18 de setembro de 1918.

A prisão que mata no homem toda a vontade e toda a força
de caráter, que encerra nas suas paredes mais vícios do que
se pode encontrar em qualquer outro ponto do globo, não foi
ela sempre a universidade do crime?
PIOTR KROPOTKIN, "Anarquia: sua filosofia, seu ideal".

Oh bondage! Up yours! [Oh escruvidão! No sou cu!]
X–RAY SPEX, "Oh Bondage, Up Yours!".

O complexo industrial-prisional

Todo mundo sabe: quando você lucra com a situação e depois diz para todo mundo que é um herói, você é um babaca. Um babaca hipócrita. Pessoas desse tipo utilizam o desespero, a discriminação e o racismo para construir um dos setores mais lucrativos do mundo, o complexo industrial-prisional. Dizem que as prisões existem para nos ajudar, mas isso não é verdade – elas não ajudam ninguém. Dentro delas, somos silenciados, escravizados e usados. Eles juram quem isso é uma forma de "reabilitação", mas com frequência os detentos não têm liberdade nem para ler livros, conversar com familiares ou ir à igreja da prisão – já que estão ocupados demais dando lucro para os donos da penitenciária.

Desespero, cinismo e crueldade foi o que vi nos olhos daqueles que passam pelo sistema carcerário vigente na Rússia e nos Estados Unidos atualmente. Durante os dois anos em que vivi nas prisões russas, sonhei com um sistema prisional alternativo, capaz de dar aos detentos uma chance de explorar sua subjetividade, receber educação, ler, criar arte. Eu literalmente sonhava com uma colônia penal em que os detentos pudessem aprender sobre outras culturas – da China, da Índia, do Irã, do Japão... Uma coisa estranha aconteceu: um dia me levantei com uma palavra em inglês na cabeça: "REVIVAL" [renovação, em português]. No meu sonho, ela estava escrita com giz na lousa da sala de aula da prisão. Eu não tinha ideia do que essa palavra significava na época, mas resolvi anotá-la. Depois busquei compreender seu significado.

Na realidade, o pesadelo da prisão não poderia ser mais diferente do que vivenciei em meus sonhos. A realidade era desumanizadora e bárbara. "A prisão [...] não apenas é antissocial, mas anti-humana e, no melhor dos casos, é ruim a ponto de refletir a ignorância, a estupidez e a desumanidade da sociedade em que se encontra." Quem disse isso foi Eugene V. Debs, organizador político e líder sindical que concorreu à presidência dos Estados Unidos de dentro da prisão, onde passou seis meses em decorrência de sua atividade socialista (no livro *Walls and Bars* [Muros e grades], publicado em 1927, após a morte de Debs).

"É um testemunho da resiliência do espírito humano o simples fato de que um pequeno número de homens e de mulheres enfrente o inferno do sistema prisional e seja capaz de preservar a própria humanidade", escreve Howard Zinn em *You Can't Be Neutral on a Moving Train* [Você não pode ser neutro em um trem em movimento].

O sistema prisional que conheço só é capaz de produzir duas coisas: em primeiro lugar, lucros para burocratas e corporações; e, em segundo, uma massa de pessoas que odeia o governo e que jamais voltará a confiar em uma autoridade pública. Se o objetivo é aumentar a criminalidade, esse é o caminho ideal. Eu sei que o período que passei nas prisões russas só me fez ter a certeza de que não devo abaixar a cabeça para o sistema.

Desde que Masha, minha companheira no Pussy Riot, e eu saímos da cadeia, visitamos muitas prisões em todo o mundo, conversamos com muitos detentos e ex-detentos, com ativistas e organizações cujo objetivo é realmente alcançar a ressocialização dos egressos. Ficamos impressionadas com as similaridades entre os sistemas prisionais dos Estados Unidos e da Rússia. A Guerra Fria tornou nossos países similares em muitos aspectos, não apenas no imperialismo agressivo, no militarismo e na imensa desigualdade social, mas também na atitude do governo em relação às pessoas que não têm poder ou que estão atrás das grades.

Estudamos como os países bálticos, que estiveram sob controle soviético, buscaram novas formas de lidar com os prisioneiros, diferentes daquelas populares nos *gulag*, como os velhos tipos de prisão estão sendo substituídos por novos, com o objetivo de ajudar o ser humano em vez de subjugá-lo.

Visitamos uma antiga prisão da Stasi (o serviço de segurança da Alemanha Oriental) em Berlim e pudemos ver como eles estão encarando o passado, se lembrando da tortura e dos assassinatos. Atualmente, há uma penitenciária feminina que assumiu uma atitude muito respeitosa em relação às detentas (livre acesso ao trabalho, boas condições, legalização das relações homoafetivas nas prisões).

Vimos prisões na Escandinávia associadas a centros de reabilitação e abrigos para ex-presidiários, além dos assistentes sociais que os ajudam a encontrar emprego. Sabemos que é possível: uma situação em que os detentos vejam os assistentes sociais não como inimigos, mas como alguém disponível para ajudar. Mas não é isso que acontece nas prisões da Rússia. Nem nas dos Estados Unidos.

Os Estados Unidos lideram o mundo em muitos aspectos. O país tem a maior economia, as melhores universidades, o maior número de medalhistas olímpicos. Porém, também é o líder em número de pessoas encarceradas. Respondem por menos de 5% da população mundial, mas mais de 20% da população carcerária do planeta. **Uma em cada cinco pessoas presas no mundo está nos Estados Unidos.**

Uma das razões para isso é a desastrosa "guerra às drogas", iniciada nos anos 1970. Em 1980, a população carcerária federal e estadual do país era de 320 mil pessoas. Em 2015, de acordo com o Escritório de Estatísticas da Justiça, havia 1.526.800 pessoas em prisões federais e estaduais (uma queda de 2% em relação a 2014), além de mais de 700 mil pessoas em penitenciárias locais (em 1980 eram 182 mil), centenas de milhares das quais presas por crimes não violentos. As condenações por posse de maconha frequentemente são mais severas do que as por porte ilegal de armas. Agora que cientistas comprovaram que fumar maconha é menos nocivo que beber álcool e que alguns estados estão legalizando a posse de maconha, os Estados Unidos vivem a situação absurda de ter milhares de pessoas presas por algo que deixou de ser crime em uma parte do país.

Além disso, as políticas prisionais são racistas. A população afro-americana enfrenta taxas de encarceramento cinco vezes mais altas que os brancos nos Estados Unidos. As condenações por posse de crack, entorpecente introduzido nas comunidades afro-americanas e prevalente nos centros urbanos degradados, costumam ser muito mais severas do que as condenações por posse de cocaína, droga utilizada com mais frequência pelos brancos. As sentenças em alguns casos são cem vezes mais longas pela posse de uma droga que, na prática, é a mesma.

Fiquei extremamente confusa quando fui conhecer a ilha de Rikers, o gigantesco complexo prisional da cidade de Nova York, e percebi que nenhum outro visitante era branco. "Por que as pessoas brancas não vão parar na cadeia neste país?", fiquei me perguntando. Interessante.

Na entrada de Rikers há um cartaz gigante que proíbe a entrada com calças extragrandes e moletons com capuz. Por que será? Talvez porque as autoridades prisionais sejam ignorantes a ponto de semear e compartilhar os preconceitos a respeito da conexão entre o hip-hop e a criminalidade.

Se você deseja saber um pouco mais sobre a desigualdade, pergunte a Howard Zinn. Em *A People's History of the United States* [Uma história do povo dos Estados Unidos], ele diz:

Quanto mais pobre uma pessoa é, maiores chances ela tem de acabar na prisão. Os ricos não precisam cometer crimes para ter aquilo que desejam; as leis estão a serviço deles. Mas, quando os ricos cometem crimes, com frequência não são processados e, quando são, conseguem pagar fiança, contratar bons advogados e são bem tratados pelos juízes. De alguma maneira, as prisões acabaram ficando cheias de pessoas negras.

Nas palavras de Eugene V. Debs, "via de regra, apenas os pobres vão para a cadeia. Os ricos controlam os tribunais, enquanto os pobres ocupam as prisões".

Os políticos sempre tentam superar seus antecessores e mostrar que "não toleram o crime". Bill Clinton interrompeu a campanha presidencial de 1992 para assinar a pena de morte de um homem condenado por assassinato que tinha graves problemas mentais. O prisioneiro, Ricky Ray Rector, havia dado um tiro na própria cabeça após cometer o assassinato, o que resultou em uma espécie de lobotomia. Ele mal conseguia entender a realidade, mas mesmo assim foi executado. Rector pediu ao guarda que colocasse a sobremesa de sua última refeição na geladeira, para que ele pudesse comê-la mais tarde.

Em vez de entender que o sistema não funcionava, as autoridades preferiram continuar prendendo as pessoas e encontraram uma solução admirável para lidar com o aumento no número de presos: a privatização! Os primeiros estabelecimentos prisionais foram privatizados nos anos 1980, e prender pessoas passou a gerar lucro. No auge, em 2015, 18% dos detentos do sistema federal estavam encarcerados em prisões privadas. Em 2016, o Ministério da Justiça do governo Obama anunciou que as prisões privadas deixariam de existir. Naturalmente, Trump revogou a decisão de Obama. Em antecipação, um dia depois da eleição o preço das ações da maior operadora privada de centros de detenção, atualmente conhecida como CoreCivic, aumentou 43%.

Assim como na educação e na saúde, se o principal objetivo é a lucratividade, dar aulas, curar ou reabilitar pessoas, no caso das prisões, perde importância. Eles querem que se foda! As prisões privadas existem para punir. Uma vez que elas faturam muito mais dinheiro com o encarceramento, as empresas fazem *lobby* para que as sentenças sejam mais pesadas, apoiando políticos que defendem posturas mais severas contra o crime, assim como os mais de 400 mil carcereiros.

As prisões não deveriam ser lucrativas. O sistema todo custa 80 bilhões de dólares ao ano. Será que esse dinheiro não seria mais bem gasto se o objetivo fosse manter as pessoas fora da prisão? Não seria melhor investir em educação, formação profissional, criação de empregos etc.?

Deveríamos apoiar a reforma do sistema. Até mesmo alguns políticos republicanos, como Rand Paul, são favoráveis à reforma do sistema de justiça criminal. Há cerca de 450 mil pessoas presas porque não podem ou não têm o direito de pagar fiança, mesmo que se trate de poucas centenas de dólares, e políticos como Paul estão tentando mudar essa realidade no Congresso.

O sistema carcerário não ajuda as pessoas que se metem em confusão a retornar à vida em sociedade. Ele rotula essas pessoas como párias e impede sua reinclusão. As coisas são desse jeito desde sempre. Em "Prisons: A Social Crime and Failure" [Prisões: um crime e um fracasso social], de 1910, a militante lituana Emma Goldman afirmou:

> Ano após ano, os portões dos infernos prisionais devolvem ao mundo um batalhão de humanos deformados, cadavéricos, complacentes [...] com a esperança despedaçada. Sem nada além

de fome e desumanidade diante de si, essas vítimas logo retornam à vida do crime como única possibilidade de existência.

Tratando-se de drogas, alguns lugares colocaram a mão na consciência. Cidades como Seattle, no estado de Washington, e Ithaca, em Nova York, passaram a encarar as drogas como uma questão de saúde pública, não de polícia. Alguns municípios até oferecem aos usuários de heroína espaços seguros como parte de uma política ampla de combate às drogas. Overdoses de opioides e heroína matam cerca de oitenta pessoas por dia nos Estados Unidos; fornecer tratamento pode ajudar os dependentes a deixar as drogas evitando que acabem presas ou mortas. A Suíça escolheu esse caminho há vinte anos e foi capaz de reduzir os crimes ligados a drogas, o contágio de HIV e o número de overdoses.

Mas falta esclarecimento. É melhor trancafiar os usuários de drogas e ganhar uma graninha.

(!)

A China é um bom exemplo do que pode acontecer em regimes políticos pouco transparentes. Quase não existem informações sobre os índices de encarceramento no país. Ninguém sabe os números reais de execuções – provavelmente alguns milhares ao ano. As prisões chinesas estão repletas de dissidentes políticos e militantes democráticos que se opõem ao presidente Xi Jinping. A China também realiza sua própria guerra às drogas e executa os traficantes.

As prisões chinesas são um verdadeiro inferno. Nos centros de detenção provisória, a tortura é comum. As celas são superlotadas e frequentemente não possuem camas. Os detentos são forçados a trabalhar por longos períodos. Nas penitenciárias onde os detentos cumprem a pena também existe trabalho forçado, mas as condições são melhores do que nos locais para onde os réus são enviados enquanto aguardam julgamento.

A verdade é que não sabemos ao certo o que acontece na China. Conhecemos a realidade dos Estados Unidos, mas a reforma prisional não é uma prioridade política. Os políticos linha-dura recebem mais votos. Em 2015, o presidente Obama foi o primeiro a visitar uma prisão federal na história do país. Depois de observar uma cela de aproximadamente 2,80 por 3 metros que abrigava três homens, ele falou sobre superlotação. Obama pareceu se importar, mas um ano e meio depois saiu da presidência sem nada fazer a respeito.

Durante o governo Obama, houve um movimento contra o estabelecimento de penas mínimas, além do início de um debate nacional sobre políticas de combate às drogas. O dinheiro investido pelo governo na "guerra às drogas" começou a ser direcionado para o tratamento de dependentes químicos. Porém, o governo Trump pareceu optar pelo recrudescimento da velha política. O então procurador-geral da República, Jeff Sessions, afirmou a um grupo de promotores federais que deveriam buscar as penas máximas permitidas por lei, o que pode gerar um novo crescimento da população carcerária.

A escolha do general Mark Inch, que supervisionou os detentos no Iraque e no Afeganistão, para comandar o Departamento Federal de Prisões esteve em consonância com o processo de militarização que há décadas ocorre nas forças policiais dos Estados Unidos. Conforme pudemos testemunhar em incontáveis casos de violência policial, não há perspectiva de mudança de rumos – a estratégia é chegar com tudo, de arma na mão e, de preferência, ao lado de uma equipe da SWAT.

O documentário *Do Not Resist* [Não resista], de 2016, detalha o crescimento do uso da SWAT militarizada por parte das forças policiais. Nos anos 1980, a SWAT entrava em ação cerca de 3 mil vezes ao ano; agora, o total de ocorrências gira em torno de 50 a 80 mil. Desde o Onze de Setembro, o Ministério de Segurança Nacional repassou mais de 34 bilhões de dólares para que as delegacias de polícia investissem em "brinquedos", como veículos blindados MRAP [Mine-resistant Ambush Protected; protegidos contra emboscadas e resistentes a minas terrestres, em português], Humvees [Highly Mobility Multipurpose; veículo multifunção de alta mobilidade, em português], rifles de assalto e por aí vai. (Dê um Google em "MRAP" e me diga se faz sentido colocar esse tipo de veículo nas ruas dos Estados Unidos.) O Ministério da Defesa também repassou bilhões de dólares para serem gastos com esses mimos.

Tudo indica que as autoridades declararam guerra às populações carentes dos Estados Unidos, lançando mão de policiamento militarizado, penas extensas e condições extremas nas prisões.

Por que não conversamos sobre como eliminar os sistemas prisionais da forma como os conhecemos atualmente, com suas práticas de tortura, as terríveis condições, as punições cruéis e os assassinatos? A humanidade é capaz de enviar foguetes para o espaço, clonar ovelhas, mas é incapaz de reformar o sistema carcerário? Até parece!

Eugene V. Debs já sabia como a reforma prisional seria eficaz e escreveu sobre isso no início do século XX. Já se sabe como fazer isso e é possível mudar. Aqui estão suas sugestões (*Walls and Bars*, 1927):

1 "Em primeiro lugar, o sistema deve sair da mão dos políticos e ser transferido para uma diretoria composta por indivíduos mais humanizados, com visão e compreensão da situação. Os diretores devem ter controle absoluto, incluindo o poder de extinguir a pena, conceder liberdade condicional ou comutar a pena."

2 "Os detentos devem receber valores de mercado pelo trabalho que realizam."

3 "Qualquer carcereiro honesto sabe que pelo menos 75% dos presos são confiáveis. Assim, os próprios detentos devem se organizar com base em princípios de autogestão, assumindo o comando da prisão, [...] estabelecendo as próprias regras e regulando a própria conduta sob a supervisão dos diretores da penitenciária."

4 "Alimentar os presos de forma decente e saudável, sem extravagâncias, mas com limpeza, simplicidade e valor energético suficiente para preservar a saúde, em vez de destruí-la."

5 "Ao menos 75% dos detentos de todas as prisões não são criminosos, mas pessoas desafortunadas. Qualquer carcereiro honesto admitiria que os condenados mudariam o rumo de sua vida se pudessem recuperar a liberdade e tivessem uma chance real de fazer algo positivo pelo mundo."

Em resumo: o encarceramento não deveria gerar lucro. As prisões não deveriam ser comandadas por organizações secretas e militaristas que podem fazer o que quiserem. As autoridades prisionais devem ser responsabilizadas por seus atos. Os detentos precisam tomar a frente da gestão de sua vida na cadeia, sendo acompanhados por órgãos de supervisão independentes. As pessoas terão disposição em participar desses órgãos porque compreendem que em algum momento os presos serão liberados e sua reabilitação é de interesse da sociedade.

(!)

Eu tinha cerca de seis anos e estava passeando com meu pai em Moscou. Se um policial viesse em nossa direção, atravessávamos a rua. Lembro claramente de quando meu pai me ensinou a fazer cara de paisagem: se você passar ao lado de um policial, não olhe nos olhos dele nem na direção dele. Não chame atenção para si. Mas, afinal, qual era o motivo do medo? Nenhum. Não éramos assaltantes de banco, não vendíamos drogas nem armas. Era apenas o medo irracional de que alguma coisa pudesse acontecer.

Quando fiquei mais velha, comecei a aprender a me comunicar com os policiais, sempre depois de muita preparação. Mas, se eu não me obrigo a confrontá-los, o desejo de atravessar a rua – incutido em mim ainda na infância – se torna tão grande que chego a tremer.

Se quisermos que as pessoas parem de ter medo da polícia, precisamos de um equilíbrio de direitos que permita que os cidadãos comuns também tenham a capacidade de prender policiais (desde que com motivos legítimos), assim como o policial pode prender qualquer cidadão. O policial deveria sentir o poder do cidadão comum. Só assim poderemos enfrentar o medo.

A cadeia me ensinou muitas lições. Uma delas é sobre o tempo, como ele funciona. Sobre como é fundamental olhar para a frente e ser capaz de imaginar futuros alternativos. Eu vivia em um alojamento com cem outras mulheres. Dividíamos um quarto. Cada cama tinha uma placa indicando o nome da detenta, o número do artigo pelo qual foi condenada e o período da pena, do início ao fim: 2005-2019; 2012-2014; 2007-2022; 2012-2025. Quando você caminha entre as camas, é como se estivesse passando por uma máquina do tempo, com todas aquelas datas, aqueles rostos, destinos e crimes. É impossível não pensar sobre o tempo. Os presos só são capazes de sobreviver quando pensam nele, imaginando, sonhando: como vou reconstruir minha vida quando sair daqui? **O futuro nunca pareceu tão rico e tão cheio de oportunidades maravilhosas quanto quando estive no campo de trabalho forçado e a única coisa que me restava eram os sonhos.** Não apenas a prisão, mas também o desespero, o luto ou, pelo contrário, uma alegria inexplicável e um amor incondicional – basicamente qualquer situação de transgressão – desvelam essa capacidade mágica que geralmente é destruída pela vida adulta: o tempo em que você ousa sonhar e imaginar.

Rebelião

Fui enviada para uma colônia penal na Mordóvia, uma região da Rússia famosa por ser o lugar das prisões mais terríveis e das panquecas mais fofinhas. Os costumes da Mordóvia são patriarcais e conservadores. As mulheres usam o cabelo comprido, geralmente com tranças caídas sobre os ombros, e avaliam suas conquistas com base na qualidade de seus maridos e no número de filhos.

É uma terra de pântanos e prisões, onde criam vacas e detentos. As vacas têm bezerros e dão leite, enquanto os presos costuram uniformes. Conheci pessoas que já estavam na quarta ou quinta geração de carcereiros na mesma família. Desde a mais tenra infância, os habitantes da região aprendem que seu objetivo de vida é suprimir o desejo de outras pessoas.

A disciplina mais dura, os dias de trabalhos mais longos e as injustiças mais flagrantes. Quando as pessoas são enviadas para Mordóvia, é como se estivessem entrando no corredor da morte.

Trabalhávamos de dezesseis a dezessete horas por dia, das sete e meia da manhã à meia-noite e meia. Dormíamos quatro horas por noite. Tínhamos um dia de folga a cada mês e meio.

Fui recebida em meu dormitório por uma detenta que estava chegando ao fim de uma sentença de nove anos: "Os gambés estão com medo de dar uma prensa em você. Eles querem que as outras presas façam isso por eles". As condições na cadeia são organizadas de tal modo que as detentas incumbidas dos turnos de trabalho e dos dormitórios são encarregadas pelos carcereiros de acabar com a força de vontade das colegas, aterrorizando-as e transformando-as em escravas sem voz.

"Se você não fosse a Tolokonnikova, já teriam enchido você de porrada há muito tempo", diziam as presas mais próximas dos carcereiros. E elas tinham razão: outras presas apanhavam com frequência. Quando não conseguiam manter o ritmo de trabalho, recebiam socos nos rins e no rosto. As próprias detentas espancavam as colegas, sempre com o conhecimento e a aprovação dos carcereiros.

Perenemente privadas de sono e exaustas pelas metas de trabalho impossíveis, as detentas estão sempre à beira de um ataque de nervos, gritando como loucas e brigando entre si.

Uma jovem tomou uma tesourada na cabeça porque entregou as calças do uniforme policial no lugar errado. Outra mulher tentou enfiar um serrote na própria barriga.

Milhares de mulheres soropositivas trabalham sem descanso, escangalhando o pouco que resta de seu sistema imunológico. Perto do fim, elas são levadas para o hospital do pavilhão para morrer, para evitar que seus cadáveres estraguem as estatísticas da colônia penal. As pessoas são abandonadas atrás das grades, com a certeza de que são um caso perdido, de que estão arruinadas, crucificadas e condenadas a morrer.

Certa noite, uma mulher morreu na confecção e o corpo dela foi removido da linha de produção. Ela estava gravemente doente e não poderia trabalhar mais de oito horas por dia. Mas os carcereiros precisavam de milhares de uniformes. As pessoas dormem na máquina de costura. Costuram os próprios dedos. Morrem.

Quando uma agulha de costura perfura a unha e atravessa a carne do dedo, a mente não é capaz de processar o que está acontecendo nos cinco primeiros segundos. Você não sente dor. Não sente nada. Você só fica lá sem entender por que não consegue afastar a mão da máquina de costura. Depois de cinco segundos, uma onda de dor toma conta do corpo. Caramba! Olha só, seu dedo atravessado por uma agulha.

É por isso que não dá para tirar a mão. É simples. Você fica lá sozinha, cuidando do dedo por uns cinco minutos. Só isso. Depois você tem que continuar costurando. Afinal, quem é que nunca costurou o dedo? Curativo? Como assim? Você está na cadeia, esqueceu?

Os mecânicos me dizem que não têm as peças necessárias para consertar minha máquina de costura nem têm como fazer o pedido. "Não existem peças de reposição! Quando é que elas vão chegar? Como você pode fazer esse tipo de pergunta vivendo na Rússia?"

Eu me especializei em mecânica involuntariamente. Atacava minha máquina, de chave de fenda em mãos, tentando a todo custo consertá-la. Minhas mãos viviam arranhadas e furadas por agulhas, com sangue escorrendo pela mesa, mas não podia parar de costurar, porque era parte de uma linha de produção e precisava fazer minha cota de trabalho com a mesma destreza de uma costureira experiente. Mas aquelas máquinas desgraçadas viviam quebrando.

A agulha quebrava o tempo todo nas máquinas, mas eles não tinham agulhas novas para nos dar. Você tem que costurar, mas não tem agulhas para fazer o serviço. A única opção é procurar agulhas velhas e sem ponta no chão de madeira. Elas não conseguem perfurar o tecido, então a linha fica frouxa e arrebenta com facilidade. Mas você está costurando e é isso que importa.

Durante a noite você tem um sonho bom e no outro dia acorda com um sorriso no rosto: sonhou que ganhou de presente um jogo de agulhas novas. Então, você se levanta e percebe que tudo não passou de um belo sonho cor-de-rosa. Na realidade, você vai voltar e passar o dia todo costurando com as agulhas sem ponta que conseguiu arranjar na área de produção.

"Meu encarceramento, minha colônia penal feminina é a letargia, é um sonho", escrevi em uma carta que enviei do campo de trabalho forçado.

É infinito e parece que sempre estive aqui. Ao mesmo tempo, não passa de um momento congelado, um único dia que por ação de um gênio do mal vai durar para sempre, repetindo-se até que a morte nos separe. Meu encarceramento é o lado material da Matrix: centenas de corpos postos para trabalhar, frágeis, pálidos e estúpidos, centenas de existências físicas envoltas na gosma do eterno retorno, a gosma da apatia e da estagnação.

(!)

Os campos de trabalho forçado existem na Mordóvia desde o fim dos anos 1920. O complexo prisional da cidade foi criado para "reforjar elementos socialmente perigosos", nas palavras de Stálin. Antes de Stálin, os prisioneiros políticos podiam ler livros, estudar e escrever. Tudo mudou repentinamente com o stalinismo. O trabalho forçado foi reconhecido como o principal método de reeducação. Os objetivos estabelecidos para a economia soviética foram alcançados graças ao sacrifício de centenas de milhares de pessoas enviadas para esses campos.

Mesmo após a morte de Stálin, em 1953, a Mordóvia continuou a ser o destino dos prisioneiros políticos condenados ao trabalho forçado. De 1961 a 1972, seus campos de trabalho eram as únicas prisões da União Soviética para onde mandavam detentos condenados por ações de cunho político (como distribuir literatura ilegal, por exemplo).

Minha primeira impressão da Mordóvia veio das palavras proferidas pela vice-diretora da colônia penal: "Você deve saber que, quando se trata de política, sou stalinista".

Nos tempos de Stálin, se um prisioneiro não conseguisse ou não quisesse trabalhar, era executado. Nos dias de hoje, ele recebe uma boa surra e é deixado numa cela solitária muito fria, onde vai congelar, adoecer e morrer lentamente.

Às vezes você encontra rabos de porco na gororoba da cadeia. Outras vezes, o peixe enlatado está tão velho que você passa três dias com diarreia. As detentas sempre recebem pão velho, leite extremamente aguado, painço azedo e batatas podres. No verão, sacos de batatas pretas e grudentas foram levados para a prisão, e nós fomos obrigadas a comê-las.

Trabalhamos em máquinas velhas e obsoletas. De acordo com as Normas de Trabalho, quando um equipamento não está em conformidade com os atuais padrões do setor, as cotas de produção devem ser mais baixas. Entretanto, as metas só aumentam, repentinamente e sem aviso. "Se você deixa eles perceberem que consegue produzir cem uniformes, eles vão aumentar a cota mínima para 120!", afirmam as costureiras veteranas. Você não pode deixar de cumprir uma meta porque, do contrário, o turno todo será punido. Como punição, as detentas podem ser obrigadas a ficar em pé por horas no pátio, sem direito a ir ao banheiro nem beber água.

Existe um sistema amplamente adotado de punições extraoficiais para manter a disciplina e a obediência, como proibir as detentas de entrar no alojamento durante o outono e o inverno (soube do caso de uma mulher que passou tanto frio depois de ser deixada para fora que os dedos de um dos pés tiveram de ser amputados) ou impedir as presas de tomar banho ou ir ao banheiro.

Sonhando com um gole de chá e uma noite de sono, as detentas exaustas, sujas e assediadas se tornam uma massa obediente nas mãos dos carcereiros, que nos veem apenas como força de trabalho não remunerado. Em junho de 2013, meu salário mensal chegou a cinquenta centavos.

As condições de higiene da cadeia são calculadas para que as detentas se sintam como animais sujos e sem poder. Só podemos lavar as roupas uma vez por semana. A lavanderia é uma sala pequena com três torneiras de onde sai um fiozinho de água gelada. Só podemos lavar os cabelos uma vez por semana. Entretanto, o dia do banho é frequentemente cancelado. A bomba de água quebra ou o encanamento entope. Às vezes, nenhuma mulher do meu dormitório conseguia tomar banho por duas ou três semanas.

Quando os canos entopem, a urina escorre pelos banheiros e as fezes se espalham por todo lado. Aprendemos a desentupir o encanamento por conta própria, mas nunca durava muito tempo. Os canos sempre voltavam a entupir, porque a penitenciária não tem o equipamento necessário para limpar o interior dos canos.

Os carcereiros obrigam as pessoas a ficar em silêncio e recorrem aos métodos mais baixos e cruéis para alcançar esse objetivo. As reclamações simplesmente não saem da prisão. A única chance de se queixar é por meio de advogados e parentes. Mas a diretoria, mesquinha e vingativa, usa todos os meios ao seu alcance para pressionar as detentas, até que elas compreendam que as queixas não vão ajudar ninguém, só vão piorar as coisas.

O que acontece quando coisas diferentes são colocadas para ferver? Coisas macias, como ovos, endurecem. Coisas duras, como cenouras, amolecem. O café é diluído e passa por todos os filtros. O que quero dizer com essa alegoria é o seguinte: seja como o café. Na prisão, eu era como o café.

(!)

As pessoas choram pouco na cadeia: todo mundo sabe que chorar não vai mudar nada. Sentimos mais uma tristeza profunda, que não pode ser expressada pelo choro. As risadas não são muito toleradas na cadeia. Quando uma pessoa ri, alguém se aproxima e diz: "Quer dizer que está se divertindo?" ou "Você não tem nada melhor para fazer?". Mas eu ria mesmo assim.

É possível tolerar qualquer coisa, desde que ela afete apenas a você. Mas o método de correção coletiva da cadeia vai muito além disso. Às vezes, seu pavilhão, ou mesmo a cadeia inteira, recebia a mesma punição que você. O pior dessa situação é que isso inclui pessoas às quais você se afeiçoou. Uma das minhas amigas foi punida por beber chá comigo e teve negado o pedido de liberdade condicional, pelo qual vinha trabalhando havia sete anos, diligentemente superando as metas na área de produção.

Quem conversasse comigo recebia uma advertência. Para mim, era terrível pensar que as pessoas de quem eu gostava eram forçadas a sofrer por minha culpa. Rindo, o tenente-coronel Kupriianov me disse certa vez: "Você provavelmente já não tem mais nenhuma amiga!".

(!)

Eu continuava sonhando com um movimento sindical na prisão.

No meu pavilhão, eu confiava em um pequeno círculo de pessoas, e nós fazíamos planos para nossa guerra trabalhista. Quando nossas longas conversas começaram a deixar os carcereiros desconfiados, passamos a fingir que estávamos flertando umas com as outras, conversando sobre flores e fingindo que estava tudo bem.

A intenção era forçar a diretoria a registrar um sindicato de detentas. Pedi livros jurídicos para fazer minha pesquisa. Não foi fácil passar pelos censores e convencer os diretores de que era meu direito ler sobre as leis russas na prisão. "Eu fui mandada para cá porque infringi as regras?", perguntei aos administradores.

"Correto", eles diziam.

"Vocês querem que eu volte a obedecer a lei no futuro?"

"Sim."

"Maravilha. Então preciso dos meus livros para aprender as leis." Assim consegui os livros.

Estudei as leis que regulam a vida dos presos. Também aprendi sobre legislação trabalhista. Precisei decorar as coisas básicas porque sabia que os livros seriam confiscados assim que eu resolvesse enfrentar abertamente a diretoria por conta das nossas condições de trabalho.

E as condições realmente eram terríveis. Se você acha que vive em um mundo civilizado onde não existe mais escravidão, está enganado. Assim é a vida das pessoas em uma prisão russa:

1 Você é obrigado a trabalhar duas vezes mais que o limite definido pelo código trabalhista (dezesseis horas).

2 Você trabalha sete dias por semana com equipamentos velhos, que estão caindo aos pedaços e, portanto, são muito perigosos.

3 É impossível cumprir as metas, geralmente duas vezes mais altas do que nas oficinas normais.

4 Você recebe um valor ridiculamente baixo. Meu salário variava de cinquenta centavos a dez dólares ao mês.

5 Você é submetido à pressão física e psicológica caso não consiga cumprir as metas.

Como previsto, o plano de criar um sindicato trabalhista oficial foi derrubado pelos administradores da prisão, que simplesmente não aceitaram nossos documentos. Por isso, tivemos que funcionar clandestinamente.

Tínhamos um plano B, que consistia na minha tentativa de falar *numa boa* com a diretoria. Visitei o chefe da colônia penal muitas vezes. Honestamente, acho que ele gostava da minha atenção e até me pediu – mais de uma vez – que escrevesse um livro contando como ele era terrível (aqui estão seus dois parágrafos, parabéns!). Ele gostava de conversar comigo sobre Putin e a democracia (para ele, os russos adoram e aceitam apenas governantes autoritários). Acho que aquilo tudo fazia com que ele se sentisse uma figura importante, que não estava lá apenas para roubar dinheiro – como se estivesse em uma missão muito digna, cujo objetivo era esmagar o espírito dos inimigos do Estado, me tornando obediente e, portanto, menos incômoda para o governo. Devo admitir que esse babaca sabia muito bem como esmagar o espírito das pessoas. Ele nasceu para isso. Era – aberta e orgulhosamente – um sádico.

De todo modo, tentei falar *numa boa* com esse cara. Disse que se trabalhássemos oito horas por dia, em vez de dezesseis, eu ficaria mais calma. Eu trabalhava, mas fazia tudo com desleixo: fui punida muitas vezes, obrigada a cavar buracos em torno da capela da colônia penal, cortar madeira e carregar chapas de concreto pelo complexo prisional. Meu pavilhão também sofreu: os diretores desligaram a água quente do nosso dormitório e, para piorar, nos proibiram de tomar banho de água fria. Nem me perguntem como conseguimos sobreviver. A coisa ficou feia.

Foi assim que aprendi que conversar *numa boa* nunca funciona com as pessoas que têm poder sobre você.

Foi assim que aprendi que às vezes a única opção é mostrar os dentes e partir para a briga.

Em setembro de 2013, comecei minha greve de fome mais arriscada. Entreguei uma carta para as autoridades prisionais:

Não vou ficar calada, assistindo resignada enquanto minhas companheiras desabam em trabalhos análogos à escravidão. Eu exijo que a lei seja obedecida neste campo de trabalho forçado da Mordóvia. A partir de agora, estou iniciando uma greve de fome e me nego a participar de qualquer trabalho escravo na prisão até que a diretoria obedeça a lei e trate as detentas não como gado, banidas da esfera legal para atender às necessidades da indústria do vestuário, mas como seres humanos.

MINHAS EXIGÊNCIAS DURANTE A GREVE DE FOME

1 Reduzir a jornada de trabalho para oito horas ao dia.
2 Reduzir o número de uniformes policiais que temos que costurar a cada dia.
3 Dois dias de folga semanais.
4 Punir e demitir o chefe dos carcereiros, que fez ameaças de morte contra mim e contra outras detentas que criticaram as condições na colônia penal.
5 Não perseguir ou pressionar as detentas que fazem reclamações formais contra a colônia.

"Quer dizer então que você é uma revolucionária?", perguntou meu supervisor na prisão. "Talvez contem grandes histórias a seu respeito, como fazem hoje com outros revolucionários, mas agora você está aqui. Com a gente. Não se esqueça disso e guarde suas opiniões para si mesma enquanto estiver por aqui. Pelo seu próprio bem, é melhor calar a boca."

A cadeia é uma ilha de totalitarismo legalizado. O objetivo é padronizar os pensamentos e as ações das pessoas que vão parar lá. Quem ousa se rebelar em um Estado totalitário precisa estar preparado para o pelotão de fuzilamento.

Não foi fácil me rebelar no campo de trabalho forçado. Mas sacrificar ovelhas, bezerros e pombos não é o suficiente. Às vezes é preciso sacrificar mais.

"Foi aqui, na prisão de Butirka, que eu disse algumas palavras honestas para mim mesmo, palavras gentis, que passei a ter uma causa", escreveu Varlam Chalámov, sobrevivente dos *gulags* soviéticos. "Que palavras eram essas? A principal era o encontro entre palavras e ações. A capacidade de se sacrificar. Sacrifício era vida. Como a vida seria tomada. Como seria usada."

A resistência me deu forças para continuar vivendo. Me fez perceber que a vida atrás das grades não era perda de tempo.

Era minha terceira greve de fome. A primeira durou nove dias, a segunda e a terceira, cinco dias. Terminei minha terceira greve de fome depois que um carcereiro veio até a minha cama com um celular e perguntou se eu gostaria de falar com o Conselho Presidencial de Direitos Humanos e Sociedade Civil do governo russo. Tratava-se de uma pessoa que ocupava um cargo altíssimo na hierarquia do conselho. Obviamente, as detentas não podem utilizar celular, e os carcereiros naturalmente não podem permitir que as detentas tenham acesso a esses aparelhos. Mas eles resolveram quebrar todas as regras possíveis para lidar com a situação. Aquilo tudo era muito desconfortável para eles: minha greve de fome e, sem dúvida, o enorme apoio que eu estava recebendo do mundo exterior – ativistas, como meu companheiro Peter Verzilov, estavam acampados em frente à prisão, fazendo protestos constantes, cantando e estourando fogos de artifício. Eles registravam inúmeras reclamações, seguindo os carcereiros por toda parte, fazendo perguntas indiscretas sobre as condições dentro da prisão e por que estavam tratando seres humanos como escravos.

O Conselho Presidencial me garantiu que haveria uma investigação acerca das violações de direitos humanos que mencionei na carta aberta em que descrevi as razões da greve de fome. O funcionário me disse que, inclusive, eu seria convidada para fazer parte do painel público de supervisão das prisões assim que fosse libertada. A prisão me ensinou uma coisa: as autoridades mentem o tempo todo. Você não pode confiar em ninguém. Mas, ainda assim, era uma boa oportunidade de iniciar as negociações.

Como resultado da greve de fome, iniciou-se uma ampla revisão das condições na colônia penal. As detentas se sentiam intimidadas demais para falar com a comissão supervisora sobre as violações, mas, durante algum tempo, a jornada de trabalho da penitenciária onde eu estava foi reduzida para oito horas. A comida melhorou. O dirigente da colônia penal perdeu o emprego.

Pouco tempo depois, fui transferida da Mordóvia, que fica no centro da Rússia, para a Sibéria. Os agentes federais de Moscou acharam que seria mais fácil lidar comigo se eu estivesse longe. Eles esperavam que os ativistas, os advogados e a mídia não me seguiriam até a Sibéria. *Spoiler*: eles estavam errados! Peter, o Grande Verzilov, um verdadeiro pesadelo para as autoridades prisionais, já estava na Sibéria antes mesmo da minha transferência. Ele imediatamente organizou a comunidade de ativistas locais para me ajudar e, quando finalmente cheguei – depois de um mês viajando por trens do sistema prisional e ficando em centros de detenção provisória –, já havia um acampamento montado em frente à prisão.

(!)

Situações engraçadíssimas ocorreram após a greve de fome. Eu ainda estava presa, mas os guardas mudaram completamente de atitude em relação a mim. Eles me tratavam de igual para igual. Fiquei chocada no começo, mas depois relaxei e comecei até a curtir a situação. Era como se o Natal tivesse chegado no meio do ano. Às vezes eu sentia que os oficias se intimidavam um pouco com a minha presença no local. Do dia para a noite, passei de prisioneira para membro do comitê de supervisão. Com isso, ganhei muito poder e peso simbólico. Eles sabiam muito bem dos problemas que os carcereiros da Mordóvia estavam enfrentando por causa da minha carta aberta e dos protestos e não estavam a fim de perder o emprego.

Durante um mês eles me esconderam do resto do mundo e ficaram me mandando de um lado para o outro. Meus amigos e parentes não faziam ideia se eu estava viva ou morta. Mas eu estava feliz com as mudanças. Os ônibus e vagões de trem que transportam prisioneiros são um lugar triste e sombrio, mas nos enchem de esperança. Porque você sabe que não dá para piorar o que está vivendo e, portanto, só pode melhorar.

Quando chegava à próxima detenção, eu via que todas as autoridades faziam fila para me conhecer e ver como as coisas estavam. De repente, essas pessoas começaram a obedecer as leis.

Eu recebi todas as cartas que os censores da Mordóvia esconderam de mim durante um ano. As autoridades levaram tudo até mim e parecia que eu tinha ganhado o maior prêmio da história da loteria. Quatro sacos gigantes cheios de cartas em russo, inglês, chinês, francês, espanhol... Caixas e mais caixas de cartões-postais que pessoas maravilhosamente vivas me enviavam do mundo todo. Pequenas balaclavas tricotadas. Balaclavas de arco-íris. Chorei ao ver tantas cartas e presentes: durante um ano na Mordóvia, quando estava passando pelo momento mais difícil da minha vida, não fazia ideia de que tantos ativistas estavam acompanhando nossa história e dedicando seu tempo para mandar cartas para uma prisão russa no meio do nada.

Na minha cabeça, eu conversava com todas essas pessoas, ouvia suas vozes, imaginava detalhes da vida delas. Aqui, uma garota de dezesseis anos do Arizona, fã de Kathleen Hanna; ali, uma senhora idosa de Novosibirsk que gosta de música clássica e linguística alemã; agora um cara de vinte e poucos anos de Amsterdã que luta contra o aquecimento global. Eu não chorava por autocomiseração – pelo menos não só por isso –, mas porque fiquei sem saber o que dizer diante dessa multidão que tentava ultrapassar o arame farpado e os muros da penitenciária para encorajar duas garotas russas. Chorei porque havia esquecido que, na prisão, também somos dignas de amor, empatia e respeito. Com seus sotaques e timbres diferentes, cada uma dessas vozes foi capaz de romper a censura e chegar até minha cela, formando um lindo coral de ativistas. Orgulhosamente, eu carregava sacolas e mais sacolas de cartas de uma carceragem para outra, sem me importar com o peso. **Quando os guardas me revistavam e encontravam as cartas, eles percebiam que, embora eu estivesse fisicamente sozinha na prisão, eu era parte de uma poderosa comunidade de pessoas que pensam como eu.** E isso é assustador para os guardas. Nós devemos incutir esse pensamento na cabeça deles: Não estamos sós. Somos um exército.

Eu também recebi de volta todos os livros que foram roubados pelas autoridades da Mordóvia. Eles os roubaram porque ninguém quer detentos com capacidade de agir. Especialmente os guardas da prisão.

Entre os livros estavam as memórias dos dissidentes soviéticos Chalámov e Soljenítsin. Li as notas de Dina Kaminskaia, advogada que corajosamente defendeu metade dos dissidentes da União Soviética e acabou sendo perseguida. Li sobre o dissidente e poeta Yuri Galanskov, morto em 1972 no hospital prisional da Mordóvia onde travei boa parte da minha batalha contra os administradores da prisão. Li Vladimir Bukovsky, que foi capaz de manter o espírito vivo mesmo quando era alimentado à força para resistir aos traumáticos trabalhos forçados. As memórias de Natalia Gorbanevskaia, uma das dissidentes que apareceram na Praça Vermelha em 1968 – logo depois da invasão soviética na Tchecoslováquia – com um cartaz que dizia "Pela nossa e pela sua liberdade" (as pessoas que participaram dessa ação foram enviadas para cumprir penas de até três anos em campos de trabalho forçado ou foram submetidas a tratamentos em clínicas psiquiátricas). Enquanto lia, me perguntava se existem limites para o espírito humano e a força de vontade.

Na rígida prisão de Omsk, li as memórias da revolucionária russa Vera Figner e concluí que ela seria para sempre meu ícone de estilo, com sua aparência rigorosa e dedicada, camisas abotoadas, formando uma inimaginável mistura entre dureza, simplicidade, poder e charme; ela organizava protestos na prisão sabendo que ficaria lá para sempre. No vagão que me levaria para a próxima cadeia – eu não fazia ideia onde –, li a história do movimento dissidente soviético escrita por Liudmila Alekseieva, veterana da luta pelos direitos civis no meu país, que seguiu ativa até os 91 anos de idade. No hospital da prisão em que estive na Sibéria, li *Os miseráveis* e *Noventa e três*, de Victor Hugo, com suas passagens em defesa da sublime loucura do espírito revolucionário. Também li o artigo de Osip Mandelstam sobre o bandido, prisioneiro, blasfemador e poeta da Idade Média: François Villon.

O que aprendi com as greves de fome é que protestar é melhor que não protestar. Falar em voz alta sobre seus valores e objetivos é muito melhor que ficar calado. Antes que eu aprendesse essa lição, tentei ser paciente na Mordóvia – durante um ano. Eu dizia para mim mesma que era impossível mudar as coisas, que tudo estava podre demais. Achei que eu fosse fraca demais para mudar qualquer coisa. A verdade é que não existe nada mais comum que esses pensamentos. Eles nos fazem desistir de antemão, sem nem ao menos tentar. O que a gente não percebe é que nem sempre conquistamos imediatamente o futuro que desejamos para nós, mas ficamos empoderados, ganhamos força, músculos. Quando me tornei prisioneira, meu protesto ficou muito mais potente.

"Estamos com você, querida!"

"Você é foda!"

"Você dobrou os canas!"

"Respeito total."

Eu ouvia isso de detentas velhas, esfalfadas e cobertas de tatuagens apavorantes que conheci nas detenções provisórias e no transporte. Quer dizer, o que pode ser melhor neste planeta do que receber esse tipo de apoio?

Como agora os oficiais estavam meio intimidados e confusos com a minha presença, acabei me enfiando num carnaval de surrealismo carcerário. Tinha vezes que, em vez de me dar a comida de merda que eles serviam na prisão, eles compravam comida de verdade para mim. Foi assim que jantei costelas de cordeiro com purê de batata na prisão de Tcheliabinsk. Isso só aconteceu porque mencionei na carta a comida da prisão na Mordóvia, e sua completa falta de qualidade se tornou internacionalmente conhecida.

Na penitenciária em Abakan, fui colocada em uma cela com uma jovem que estava comemorando seu aniversário. Ela ficou chocada com a comida que os carcereiros passaram a trazer desde que cheguei na cela dela. Carne de verdade. Legumes de verdade. Ela queria saber mais sobre a diferença entre o polo Norte e o Sul e sobre Stálin e Madonna; quando os guardas passaram pela cela, eles cumprimentaram minha colega e lhe desejaram feliz aniversário. Ela mal podia acreditar no que estava acontecendo. Antes eles eram rudes e a comida era nojenta. Algum tempo depois, fui convidada para ir até o escritório do diretor da prisão, onde ele conversou comigo durante quatro horas, me contou sua história de vida, falou de seus amigos, seus medos e desejos para a cadeia, sobre a economia e o mercado de trabalho prisional. A ideia central era a de que temos um empreendimento bem estabelecido aqui. "Por favor, não venha fazer bagunça com seu ativismo, ok?"

Ao final da minha jornada de um mês, fui levada para Krasnoiarsk e colocada na maior e mais antiga prisão da Sibéria. Na verdade, eu estava feliz de ir para a Sibéria porque é minha terra natal. Os siberianos são pessoas incríveis. Outra coisa empolgante é que eu sonhava em ir para aquela cadeia desde que tinha cinco anos de idade. O apartamento da minha avó, onde passei boa parte da minha infância, fica do outro lado da rua. Eu me lembro de ter cinco ou seis anos, passar diante das grades gigantes e pensar: "Quero muito ver o que tem do lado de lá. Será que é possível fugir? Será que posso usar uma escada para olhar lá dentro?". Acho que sou meio bruxa porque tudo o que eu quero muito acaba acontecendo.

Meu destino final foi o hospital da prisão. Essa é provavelmente uma das instalações com mais recursos em toda a Rússia. O sistema prisional não queria mais saber das minhas reclamações. Eles me deixavam escrever, ler e pintar o que eu quisesse. Em vez de usar uniformes apertados e extremamente desconfortáveis, ficávamos de pijama. E finalmente eu pude tocar na banda de rock da cadeia. O grupo se chamava Free Breathe e era misto — quatro homens e duas mulheres, incluindo eu. Todas as noites, às 18h30, éramos levados até o teatro da cadeia, onde ensaiávamos. Tudo isso era inconcebível antes da greve de fome. Eu tentei ir ao teatro da instituição algumas vezes na Mordóvia, mas tudo que consegui foi ser punida.

Um rapaz da banda muito gentil, que vivia de roubar carros, ofereceu de trocarmos cartas de amor. Na cadeia, cartas de amor são o máximo. Com frequência, os detentos trocam cartas com pessoas que nunca viram. Eu sabia que não me daria muito bem com esse gênero tão sentimental e foi isso que disse para ele. No fim das contas, acabamos escrevendo letras de rap políticas um para o outro.

Mas a diversão começou mesmo quando começamos a fazer turnês com essa banda. Fizemos algumas apresentações na unidade em que estávamos e depois partimos em turnê. Era como uma turnê normal, mas viajávamos em um furgão da prisão. A gente colocava as guitarras e os teclados no porta-malas com grades e íamos embora. Chegamos a uma colônia penal feminina, e eu estava cantando músicas da cantora e compositora russa Zemfira, sobre uma relação de amor entre duas mulheres (que são um tema e uma prática oficialmente proibidos em qualquer prisão russa): "Eu sonhei com pessoas que se desejavam de um jeito diferente". Depois do show, os oficiais me levaram para um passeio pelas instalações da instituição, mostrando as solitárias e os pavilhões. Nos deram comida especial, muitos doces e chocolate. A coisa toda foi *esquisita pra caramba*.

Alguns meses depois fui liberada. Voltei para a Mordóvia com comida e medicamentos para minhas companheiras e durante a visita fui atacada duas vezes por bandidos contratados pela polícia. Obviamente, as autoridades não permitiram que eu entrasse na penitenciária, e nosso advogado disse que, desde que havia sido mandada para a Sibéria, a jornada de trabalho voltou a ser dezesseis horas.

As autoridades que tomam conta das prisões não são confiáveis, ao menos na Rússia. Essa gente precisa ser vigiada 24 horas por dia. Eles precisam ser responsabilizados. A maioria deles não tem boas intenções e, quando dizem o contrário, pode ter certeza de que estão mentindo.

É muito triste pensar que todo o sistema político russo é baseado no mesmo princípio: o de que certas pessoas precisam ser tratadas de modo diferenciado. O resto que se dane. Também visitamos algumas penitenciárias masculinas e sentimos a mesma coisa em todo canto. Como ativista, adoro me sentir empoderada. Mas os ativistas não podem se contentar com privilégios pessoais.

Toda essa hipocrisia e esse exibicionismo não são legais. Mas o comportamento bizarro dos oficiais mostra como você ganha força pelo simples fato de usar a voz. Minha voz foi ampliada pelas vozes de todas as pessoas que apoiaram o Pussy Riot. Assim surgiu uma polifonia, capaz de fazer o sistema prisional russo se sentir desconfortável. E, quando qualquer sistema se sente assim, nós nos divertimos. Reconquistamos a capacidade de nos sentir felizes pra caralho.

(!)

Posso terminar esse papo com uma historinha da cadeia?

Às vezes não enxergamos pessoas radicalmente politizadas, mas abra os olhos. Elas estão por toda parte. Olhe para o policial que acabou de prender você. Olhe nos olhos dele. Converse com ele. E se ele estiver ainda mais puto da vida com os poderosos do que você?

Um dos guardas da prisão estava conversando comigo, encostado na grade que nos separava.

"Sabe de um negócio. Não estamos muito longe de uma guerra civil. As coisas estão caminhando nessa direção. O Putin não quer largar o osso. Ele não vai sair por conta própria, e um dia nós vamos estar do mesmo lado."

"Fico imaginando o que vai acontecer se você estiver de uniforme."

"É fácil. Eu não jurei proteger este governo. Eu não devo nada pra eles. Eu tiro meu uniforme e vou com vocês."

"Quando?"

"Quando a revolta começar."

HERÓIS

Michel Foucault

Devemos ainda nos admirar que a prisão se pareça com as fábricas, com as escolas, com os quartéis, com os hospitais, e todos se pareçam com as prisões?
MICHEL FOUCAULT, *Vigiar e punir*.

Foucault é o poeta da desconfiança.

Se você quiser aprender o truque de usar a história para desenvolver o pensamento crítico, Michel Foucault é o cara. Ele trabalha com a história como um cão raivoso, morde forte e não larga mais. Sexualidade, loucura, prisão, vigilância, qualquer coisa. Ele sempre está lá para acabar com as normas. Quando descobri Foucault, aos dezessete anos, não entendi tudo o que ele dizia, mas compreendi que não preciso acreditar que as coisas são imutáveis. Foi um alívio, porque o mundo adulto esperava que eu acreditasse e aceitasse, em vez de investigar, duvidar e questionar, como é da minha natureza. Com elegância, Foucault revela que existe sempre uma luta por poder. Essa luta nos leva a ideias que já estão dadas e que somos tentados a considerar verdades absolutas.

A ideia básica e instintiva do Pussy Riot diante da vida é desobedecer a qualquer autoridade – a prisão, a universidade ou a gravadora. Pussy Riot e Foucault lutam contra os mesmos demônios: formas de pensamento rígidas e restritivas, normalização, rotulação, encarceramento. Quando alguém aparece querendo impor uma "regra" (ou, "aceita, que dói menos", "é desse jeito mesmo", "é melhor já ir se acostumando"), a gente tenta descobrir quem é que leva vantagem quando a engolimos.

Seu grande livro de estreia, *História da loucura*, foi publicado em 1961, ano em que a União Soviética enviou o primeiro ser humano para o espaço, as autoridades da Alemanha Oriental fecharam as fronteiras entre Berlim Ocidental e Berlim Oriental e começaram a construir o muro, John F. Kennedy assumiu a presidência dos Estados Unidos e a CIA orquestrou uma tentativa frustrada de derrubar Fidel Castro, evento conhecido como a Invasão da Baía dos Porcos. Foucault tinha 35 anos, e o livro representava uma crítica à forma moderna de abordar a loucura, conforme havia visto enquanto trabalhou em um hospital psiquiátrico em Paris e, mais tarde, quando ele próprio foi submetido a um tratamento mental.

A história da loucura contada por Foucault é um exemplo perfeito de quando alguém questiona uma norma antes de aceitá-la. A noção de doença mental é extremamente nova, de acordo com Foucault, e foi criada como instrumento de controle.

Vigiar e punir, o livro de Foucault sobre prisões, normalização e vigilância em massa, publicado em 1975, foi escrito sob o lema "talvez punir menos; certamente punir melhor". Foucault descreve como as prisões se tornaram o modelo de controle de uma sociedade inteira, em que fábricas, hospitais e escolas foram criados sob o modelo das prisões modernas.

Foucault descreve três estratégias primárias de controle: a observação das hierarquias, o julgamento normalizante e a autorregulação. O controle sobre as pessoas pode ser alcançado pela simples observação dos indivíduos, segundo ele (38 anos antes de Edward Snowden vazar documentos que demonstram a vigilância em massa).

> Pense em quantas coisas terríveis são — ou já foram — legalizadas. A escravidão era legal. A segregação racial era legal nos Estados Unidos até 1964. Não faz muito tempo que a Lei dos Direitos Civis decretou o fim de todas as leis estaduais e municipais que a permitiam. A "propaganda homossexual" — falar sobre questões LGBTQ publicamente — ainda é ilegal na Rússia. Por outro lado, guerras são legalizadas, lucrar com a morte de seres humanos é legalizado (a General Electric, que faz tantas geladeiras e máquinas de lavar, e a Boeing, em cujos aviões viajamos, são duas das maiores fabricantes de armas e estão entre as empresas que mais lucram com as guerras, tudo perfeitamente dentro da lei). Terceirizar trabalhos mal-remunerados, utilizar mão de obra barata em certos países para produzir computadores e aparelhos celulares, botar crianças do Sudeste Asiático para costurar calças, tudo isso é legal. Destruir o planeta com a emissão desenfreada de dióxido de carbono é legal, e muita gente de bem está fazendo justamente isso. Por outro lado, falar a verdade e denunciar publicamente muitas vezes é ilegal — na Rússia, nos Estados Unidos e em qualquer outro país.

A prisão representa um modelo arquitetônico ideal para o poder disciplinador contemporâneo. As cadeias têm câmeras de vigilância em todos os cantos, e os detentos podem ser observados a qualquer momento, o tempo todo. Mas ninguém sabe quando está sendo visto. Para Foucault, como os detentos nunca sabem em que momento alguém os está observando, eles precisam se comportar como se sempre estivessem na mira de alguém.

As cadeias são um espelho das sociedades que as rodeiam. Se não transformarmos as duas, estaremos sempre em um tipo de prisão.

Teologia da Libertação:
Uma conversa com Chris Hedges

Chris Hedges foi chefe da editoria de Oriente Médio do *New York Times* por sete anos e cobriu guerras nas ilhas Falkland, em El Salvador, na Nicarágua e na Bósnia. Ele fez parte da equipe do NYT que venceu o Prêmio Pulitzer pelas reportagens sobre terrorismo publicadas em 2002. Além das inúmeras publicações, Hedges deu aula nas universidades de Nova York, de Toronto, de Columbia e de Princeton – além de lecionar em um número cada vez maior de prisões. Foi ordenado ministro da Igreja Presbiteriana em 2014.

NADYA Você trabalha na universidade de Princeton, que é uma das melhores dos Estados Unidos. Ou seja, você é professor de um bando de gente que quer fazer parte do 1%. Você tenta influenciá-los de alguma forma?

CHRIS Não é possível mudar a cabeça de ninguém. Aqui, em lugares como Princeton, as pessoas se esforçam muito. Muitos estudantes são brilhantes, mas, como é muito difícil entrar nessas instituições, eles são condicionados a servir às autoridades. Instituições como o banco Goldman Sachs enviam pessoas para recrutar funcionários no campus. Os estudantes muitas vezes definem a si mesmos com base em seu prestígio e sucesso financeiro, de modo que são facilmente seduzidos pelo Goldman Sachs. E isso é muito triste. Não estou dizendo que não sejam boas pessoas. Muitos deles são conscientes. Mas acho que são fracos, em certo sentido.

NADYA Eu era a maior *nerd*. A melhor aluna do ensino médio. Recebi uma bolsa de estudos para a Universidade Estadual de Moscou (sem precisar subornar ninguém), mas aí me envolvi com política. Então, eu sei que é possível. Mas como isso aconteceu com você? Porque me parece que você também é *nerdão*.

CHRIS É, sou mesmo. Quando eu tinha dez anos, estudava em uma escola de elite para famílias super-ricas. Eu era uma das dezesseis crianças que tinha bolsa de estudos na escola. A família da minha mãe era de classe média, média-baixa, no Maine.

Eu olhava para a molecada da escola preparatória, e muitos deles eram realmente medíocres. Meio burros até. Então percebi que, quando você é rico, tem inúmeras chances. Mas, quando você é pobre, talvez tenha só uma. E você pode deixá-la escapar. Perceber isso me fez manter os pés no chão.

Então, desde pequeno sempre fui político. Sempre brigava com a instituição e, por sorte, ia muito bem na escola, era bom nos esportes, não bebia nem usava drogas. Então não havia nada que pudessem usar contra mim. Criei um jornalzinho clandestino na escola, que obviamente a administração me proibiu de continuar.

NADYA Pra variar.

CHRIS Era um jornal sério. Eu escrevia sobre coisas que me preocupavam e que geralmente não apareceriam em um jornal escolar. Por exemplo, sobre como as pessoas que trabalhavam no refeitório, em sua maioria pobres e negras, viviam em um quartinho em cima da cozinha, em condições terríveis. Os estudantes eram proibidos de entrar lá. Mas fui uma vez, tirei fotos, esperei a reunião de começo de semestre para que os pais dos alunos estivessem lá e distribuí meu jornal para envergonhar a escola e os diretores, que também estavam lá.

Nas férias de verão, a escola reformou a cozinha e, quando voltei, o pessoal da cozinha havia instalado uma plaquinha em minha homenagem.

NADYA Caramba!

CHRIS Meu pai também era ativista. Ele era pastor e veterano da Segunda Guerra Mundial, mas voltou da guerra sendo praticamente um pacifista. Vivíamos em uma cidade de interior onde só havia gente branca; onde Martin Luther King era um dos homens mais odiados dos Estados Unidos.

Meu pai se envolveu com o movimento gay, porque meu tio era homossexual. Depois disso, a igreja deu um jeito de se livrar dele. Aprendi, então, que ninguém é recompensado por ser ativista. Quem realmente está do lado dos oprimidos passa a ser tratado como um oprimido. Essa foi uma lição importante que aprendi muito cedo com meu pai. Isso salvou minha pele, porque eu não era ingênuo. Não achava que seria exaltado por fazer a coisa certa. Eu sabia quais eram os custos.

Não existiam organizações de gays ou de lésbicas na minha faculdade, na Colgate University. Naquela época, meu pai estava à frente de uma igreja em Syracuse, que ficava a uma hora de lá, e um dia ele trouxe palestrantes gays para falar no campus e disse que eles deveriam assumir publicamente. Eles tinham muito medo de sair do armário. Então, um dia meu pai me disse: você vai criar uma organização para gays e lésbicas, e eu fiz o que ele me pediu. Eu não sou gay, mas sou fundador de uma associação para gays e lésbicas.

NADYA Você conhece padres e pastores que ainda estão do lado da esquerda, que possam entrar em contato conosco? Eu fui parar na cadeia porque fiz um protesto na igreja, mas fiz isso porque a Igreja é importante para mim.

CHRIS Meu teólogo predileto é James Cone. É o único teólogo vivo dos Estados Unidos que vale a pena conhecer. Ele é o pai da teologia da libertação negra. Cone denunciou a Igreja branca. Ele a chamou de anticristo. Disse que, se observarmos os linchamentos de homens, mulheres e crianças negras no sul dos Estados Unidos... nós vemos o quê? Crucificações. Mas a Igreja branca não disse nada. Na verdade, a Igreja branca do sul dos Estados Unidos até apoiou esses linchamentos. Mesmo quando a manifestação física da crucificação estava diante de seus olhos, eles ficaram em silêncio. Há mais ou menos um ano perguntei para ele se ainda pensava que a Igreja branca é o anticristo. Ele respondeu que, se definirmos o anticristo como tudo aquilo que Jesus combateu, então ele seria obrigado a dizer que sim.

Depois do século III, com a ascensão de Constantino e a chegada dos apologistas ao poder – Agostinho, Aquino e outros – criou-se uma teologia que, a meu ver, não apenas é contrária à mensagem da Bíblia, mas também foi utilizada para sacramentar o poder do Estado. Foi assim que a Igreja deteve o poder político durante um milênio, com inquisições e a opressão dos pobres. O teólogo Paul Tillich afirmou que todas as instituições, incluindo a Igreja, são intrinsecamente demoníacas. E ele tem razão.

Você pode ver na internet o vídeo do dia em que fui ordenado. James Cone fez o sermão, e Cornel West também falou, tínhamos uma banda de blues, convidamos as famílias dos meus alunos nos presídios para ir à igreja no centro da cidade. No momento da ordenação, me perguntaram: "Você vai seguir as regras da Igreja?". Respondi que só quando a Igreja estiver com a razão.

O Papa João Paulo II causou um tremendo estrago na Igreja. Como ele tinha pavor do comunismo, fez a Igreja dar uma guinada à direita e, na prática, adotar um ponto de vista neoliberal. A instituição se esqueceu da justiça. Obviamente também se esqueceu dos pobres. É por isso que perdeu a relevância. Para mim, a última coisa que faltava para tornar a Igreja Católica totalmente irrelevante nos

Estados Unidos foi a ascensão da direita cristã. Porque de cristãos eles não têm nada. São fascistas.

Os fascistas cristãos estão preenchendo o vazio ideológico da era Trump, já que a única ideologia do presidente Trump é seu próprio narcisismo. Então, com a fusão entre o Estado, a linguagem e a iconografia da religião, o resultado é o fascismo.

NADYA O que você acha das políticas identitárias? Acha que foram cooptadas pelo liberalismo?

CHRIS Acho que foram cooptadas muito rapidamente. Por exemplo, o feminismo. Se você lê Andrea Dworkin e outras feministas radicais, elas falam do empoderamento das mulheres oprimidas. Mas agora o feminismo tem falado sobre mulheres que ocupam cargos de CEO ou, no caso de Hillary Clinton, a presidência. As coisas ficaram bagunçadas. Um presidente afro-americano à frente do império. Nas palavras de Cornel West, Barack Obama é o mascote negro de Wall Street. Mas a esquerda foi seduzida por esse discurso. Me parece ser um caso de imaturidade política. A esquerda decidiu se distanciar dos pobres e, como podemos ver, nas comunidades marginalizadas as pessoas pobres e negras não estão apenas perdendo seus empregos, sendo despejadas de suas casas e enviadas ao maior sistema prisional do planeta... elas também estão sendo mortas pelo fogo cruzado.

Os tribunais que condenam essas pessoas são uma piada. Não existe *habeas corpus* nem o devido processo; 94% dos réus são forçados a se declarar culpados por crimes que não cometeram.

NADYA Porque têm medo.

CHRIS Meus alunos que estão cumprindo as penas mais longas são aqueles que foram submetidos a júri popular por crimes que não cometeram. Mas eles servem de exemplo para os demais, porque, se todos os réus fossem levados a júri popular, o sistema iria implodir. Eles empurram dez, quinze acusações para cima de você, e metade delas você sabe que nunca aconteceram. Então eles dizem: se você for a júri popular, vai sofrer o mesmo que aquele pobre coitado. Por exemplo, dei aula para um cara que estava cumprindo pena de prisão perpétua mais 154 anos de prisão, mas ele não havia cometido nenhum crime violento. Isso é uma loucura.

NADYA O que ele fez?

CHRIS Era um caso de porte ilegal de armas e drogas. Mas ele nunca foi acusado de um crime violento. O problema é justamente este: vivemos em uma sociedade desindustrializada, com mão de obra excedente ou redundante, formada principalmente por pessoas pardas e negras, e o Estado precisa de alguma forma de controle social, já que está refugando uma enorme massa humana. Quais as formas de controle social? Encarceramento em massa e militarização da polícia. Se você vive em Newark, Camden ou qualquer região pobre de Nova Jersey, você estará em um mini-Estado policial, onde não existem direitos; equipes da SWAT podem invadir sua casa no meio da noite com armas automáticas, aterrorizando e algumas vezes matando todo mundo que passa pela frente para cumprir um mandado de busca e apreensão ligado a drogas, não a crimes violentos. É um verdadeiro inferno. E é esse tipo de abordagem que está se espalhando pelo país.

Vemos 10 mil novos agentes policiais, 5 mil novos patrulheiros nas fronteiras, um crescimento de 10% nas forças armadas que eles nem pediram. Trata-se da completa militarização da sociedade.

NADYA Eles nem pediram! Mas bora aumentar o Exército mesmo assim.

CHRIS E as elites liberais são cúmplices, porque, enquanto isso acontecia com pobres negros e pardos, eles só queriam saber se haveria cotas para pessoas LGBT em suas instituições.

Todo mundo fala em progresso quando o assunto é direitos dos gays, mas isso não é verdade. É um progresso que chega apenas às elites. Se você for um homem gay que só cursou até o ensino médio e trabalha como frentista na zona rural do Kansas, as coisas ficaram piores pra você. A vida ficou mais perigosa com a ascensão da direita cristã. Mas as elites gays de Nova York e de São Francisco não querem saber dos pobres. Mas não se trata só de violência. É um fato comprovado que, por causa do poder das Igrejas Evangélicas, muitos desses jovens acreditam que são impuros, doentes. É por isso que os índices de suicídio são tão altos entre esses meninos.

No fim das contas, é tudo uma questão de classe. E as elites neoliberais são cúmplices do abandono dos pobres neste país, especialmente dos pobres negros e pardos.

Richard Rorty afirmou em *Para realizar a América* (1998) que estamos jogando de um jeito muito perigoso. Se continuarmos com um *establishment* liberal corrupto que fala a língua da democracia liberal, mas abandona esses valores quando se trata das classes populares, em algum momento veremos não apenas uma revolta contra essas elites – como no caso da vitória de Trump –, mas também uma revolta contra os próprios valores liberais. É isso que estamos vivendo agora.

NADYA Como devemos falar com essas pessoas, então? Ir mais fundo – analisar a situação econômica que trouxe esse desastre até nós e que tem Donald Trump como um sintoma...

CHRIS As pessoas não querem saber desse discurso porque – assim como todas as pessoas em posição de privilégio – não querem saber de nada que questione seu direito ao privilégio. Portanto, qual é a reação contra a eleição de Trump? Botar a culpa na Rússia! Isso é ridículo. Eu não gosto do Putin, mas a ideia de que a Rússia influenciou o resultado da eleição não faz o menor sentido.

NADYA Eu sei que é possível mudar as opiniões das pessoas porque já mudei de ideia no passado e me questiono todo santo dia.

CHRIS Eu acho que não dá para mudar a opinião da maioria das pessoas. Para mim, a forma mais potente de mudar a mentalidade é estabelecer relações com os oprimidos. Estive em El Salvador, estive na Faixa de Gaza, estive na Iugoslávia e aqui vou às prisões. Quando escrevi *Days of Destruction, Days of Revolt* [Dias de destruição, dias de revolta], passamos dois anos nos bolsões mais pobres dos Estados Unidos.

NADYA O que você diz para todas as pessoas que nos perguntam: "Afinal, qual é a alternativa? Vocês querem quebra-quebra? O que vão colocar no lugar desse sistema?". Sempre dizemos que existe muita gente brilhante por aí e qualquer um é melhor que o Putin...

CHRIS Putin não teria caído matando em cima de vocês se não estivesse com medo. Nosso papel é assustar esses caras. É fazer esses caras se borrarem. Porque é só assim que o poder reage. Esperar que eles caiam em si é perda de tempo. Nunca acontece. Qual foi o último presidente liberal dos Estados Unidos? Richard Nixon. Não porque ele tinha o coração bom ou a consciência pesada. Mas porque ele estava apavorado com os movimentos. Lei da Segurança nas Minas, Lei da Água Limpa, todas essas leis surgiram na era Nixon.

Há uma cena descrita no livro de memórias de Henry Kissinger quando milhares de pessoas cercaram a Casa Branca durante uma manifestação contra a guerra e Nixon usou ônibus municipais vazios como barricada. Então ele olhou pela janela e disse: "Henry, eles vão romper as barricadas e vão nos pegar". É assim que as pessoas poderosas devem se sentir o tempo todo. Eu vivia na França quando Sarkozy era presidente. Ele se mijava inteiro sempre que os estudantes iam para Paris ou os agricultores vinham para Paris com seus tratores.

NADYA Quais devem ser nossas demandas? Quais palavras são capazes de realmente unir as pessoas?

CHRIS Eu sou socialista. Acredito que a maioria das pessoas no Goldman Sachs deveria ser presa e o Goldman Sachs deveria ser fechado. Os bancos deveriam ser nacionalizados. Os serviços básicos deveriam ser nacionalizados, assim como a indústria dos combustíveis fósseis. Sim, é possível que isso também gere corrupção, como acontece na Rússia, mas neste momento vivemos uma situação em que esses setores e corporações tomaram conta do país e não vamos conseguir quebrar as pernas deles se não tirarmos os brinquedos e o dinheiro de suas mãos.

Não estou dizendo que isso vai acontecer. Só estou dizendo que nossa única esperança é uma revolução. Uma revolução não violenta. Agora, tendo em vista a situação atual dos Estados Unidos, a fraqueza da esquerda e a falta de consciência política, existe muito mais chance de vermos a ascensão de uma direita protofascista.

NADYA Você acha que podemos globalizar a esquerda? A globalização neoliberal não está a serviço do povo, mas da mobilidade global. Por outro lado, a globalização me deu tudo que tenho. Do contrário, ainda estaria na minha cidadezinha na Sibéria, trabalhando na usina de níquel.

CHRIS Está certo. Bom, existe a globalização corporativa, que é perigosa e má. Mas também existe a globalização entre os movimentos, já que todos nós lutamos contra o neoliberalismo. Estamos todos combatendo o capital corporativo.

Todos os movimentos revolucionários se alimentaram uns dos outros ao longo da história. Eles chegam em ondas. Primeiro a Revolução Americana, então a Revolução Francesa e o movimento de independência do Haiti.

Acho que é isso mesmo. Nossa única esperança é nos conectarmos globalmente e não recairmos no nacionalismo, que é exatamente o que eles esperam de nós.

CRIE ALTERNATIVAS

REGRA Nº 9

Além de resistir, crie modelos, normas e instituições que não sejam convencionais nem ortodoxas. É preciso recuperar a capacidade de sonhar, de imaginar e de criar futuros alternativos. A inabilidade de sonhar nos torna míopes. A forma mais radical de rebelião nos dias de hoje é reaprender a sonhar e lutar para realizar esse sonho.

You can listen to politicians, they'll lead you astray
You've gotta see the light and you've gotta see the way
[Você escuta os políticos, mas eles tiram você do rumo
Você tem que ver a luz, você tem que ver seu caminho]
COCKNEY REJECTS, "Oi! Oi! Oi!".

Aqueles que encontrarem a liberdade devem dizer a verdade. É preciso que sejamos honestos. Precisamos de integridade moral, espiritual e intelectual. Não importa o quanto isso nos marginalize, não podemos jamais nos ajustar às injustiças deste mundo.
DR. CORNEL WEST, em entrevista ao programa de TV *Democracy Now!*, 2016.

Seja esquisito

Se o Pussy Riot precisasse descrever seu trabalho em algum lugar, diríamos que nossa principal função é sermos ridículas. **O ridículo é uma das melhores formas de dizer a verdade**, porque você não finge saber. Você só está perguntando, imaginando, sugerindo. Não força ninguém a construir um admirável mundo novo.

Pessoas esquisitas às vezes são chamadas de doentes ou deficientes, mas talvez elas simplesmente sejam capazes de ver alguma coisa que os outros não percebem. Basta observar os profetas do Velho Testamento, que tinham um comportamento muito esquisito.

Quando uma pessoa ridícula diz a verdade, ela é chamada pelos outros de louca.

Além das prisões, existem muitas formas de transformar você em um animalzinho domesticado e obediente. Uma delas é o controle por meio da medicalização da psicologia, da psicoterapia e da psiquiatria.

Medicamentos psiquiátricos são prescritos em excesso. O número de pessoas com algum diagnóstico psicológico tem crescido exponencialmente, e os próprios diagnósticos estão se tornando mais amplos. Ansiedade, medo e solidão se tornaram verdadeiras pragas. A solidão é a doença do nosso século. Pelo menos foi isso que li quando usei o Google para pesquisar "O QUE FAZER URGENTE ESTOU MORRENDO DE SOLIDÃO".

Porém, raramente nos perguntamos sobre as razões por trás dessa praga. Estamos isolados com nossos problemas, que muitas vezes minimizamos como problemas pessoais. Com o tempo, nos sentimos culpados por medos e ansiedades, já que eles nos tornam menos produtivos. Isso, por sua vez, nos leva a tomar medicações que melhoram o desempenho. Por que existe tanta gente se sentindo mal? Por que o objetivo dos tratamentos é conformar os pacientes à norma, em vez de lidar com questões sistêmicas que atrapalham a vida de milhões de pessoas?

E se algumas tendências socioeconômicas estiverem levando a essa epidemia? Quando a competição e o sucesso a todo custo se tornam nossa ideologia, não surpreende que tanta gente sinta um isolamento tão profundo. **Não existe competitividade solidária; amor competitivo também não existe.** Algumas coisas não deveriam ser competitivas, como o acesso à solidariedade, ao amor, à saúde, ao ar fresco e à água limpa. Entretanto, as forças mais poderosas de hoje – a privatização e a desregulamentação do mercado – se baseiam em transformar tudo em competição. Portanto, se tantas pessoas se sentem sacaneadas e enganadas, talvez elas realmente estejam sendo sacaneadas e enganadas. Se tem cara de pato, nada como pato e grasna como pato, deve ser um pato.

A suposta neutralidade científica dos atuais tratamentos médicos contra a loucura é, na verdade, um disfarce para controlar aqueles que desafiam a moralidade burguesa convencional. Essa moralidade afirma que a loucura é uma doença mental, apresentada como uma descoberta científica objetiva e incontestável. Mas não há nada de neutro nisso. **Rotular quem pensa diferente como doente mental, enfiar remédios goela abaixo e trancafiar essas pessoas em hospitais psiquiátricos configura um poderoso instrumento de controle.** Na realidade, trata-se da forma mais perigosa, pois parece receber o selo de aprovação das ciências. A autoridade científica tem o objetivo de fazer com que você se sinta pequeno e impotente.

"Os cientistas sabem do que estão falando." Pelo menos é nisso que esperam que você acredite. Mas posso contar um negócio? Da próxima vez que você sentir que não é capaz de argumentar com a ciência, lembre-se da eugenia. Os eugenistas afirmavam que seu movimento era científico, enquanto massacravam milhões de pessoas inocentes em nome de suas crenças. É por isso que sempre desconfio dos especialistas.

(!)

O movimento antipsiquiátrico ganhou força nos anos 1960 e 1970. Qual é a ideia fundamental do movimento antipsiquiátrico? A de que, com frequência, os tratamentos causam mais danos ao paciente. Alguns exemplos clássicos são a terapia de eletrochoque, a terapia de choque de insulina e a lobotomia. A antipsiquiatria fez importantes avanços, modificando diversas metodologias, mas isso não quer dizer que a sociedade civil deva simplesmente relaxar e parar de acompanhar o que acontece na psiquiatria. Uma das coisas mais preocupantes nos dias de hoje é o aumento significativo do número de medicamentos psiquiátricos prescritos para crianças. A indústria farmacêutica é um setor poderoso, e precisamos prestar atenção aos casos em que esses medicamentos são prescritos, pois eles são incrivelmente lucrativos para a empresa e para os médicos. Na verdade, acho assustador como fazemos pouquíssimas perguntas sobre as origens e as razões por trás dos rótulos psiquiátricos.

"Uma alegria impensável em estado normal e inimaginável para alguém que nunca experimentou isso [...]. Quando isso acontece, fico em perfeita harmonia comigo mesmo e com o universo inteiro." Foi assim que Dostoiévski descreveu seus ataques epiléticos para um amigo. Em *O idiota*, o personagem príncipe Míchkin descreve seus ataques epiléticos e o exato segundo que antecede o episódio. "Qual é o problema de ser isso uma doença? Qual é o problema se essa tensão é anormal, se o próprio resultado, se o minuto da sensação lembrada e examinada já em estado sadio vem a ser o cúmulo da harmonia, da beleza, da conciliação e de fusão extasiada e suplicante com a mais suprema síntese da vida?" Míchkin se sentia mais vivo do que em qualquer outro momento: "Por esse instante eu daria minha vida inteira".

Entretanto, o objetivo das estruturas de poder não é encorajar a revelação, a alegria, o êxtase e a devoção. O objetivo do poder é tornar os cidadãos mensuráveis e governáveis. Michel Foucault revela que essa ideia é relativamente nova; foi no século XIX que as pessoas com comportamentos estranhos passaram a ser vistas como doentes e inválidas que precisam ser apartadas da sociedade.

Paul Verhaeghe, o professor belga de psicologia clínica e psicanálise que já mencionei [ver Regra nº 6], publicou em 2012 um livro impressionante sobre a explosão das psicopatologias nas sociedades ocidentais contemporâneas: *What About Me? The Struggle for Identity in a Market-based Society*. Ele escreve sobre o Manual Diagnóstico e Estatístico de Transtornos Mentais [em inglês, conhecido pela sigla DSM, Diagnostic and Statistical Manual of Mental Disorders] e como cada nova edição apresenta mais e mais doenças:

São 180 na segunda edição, 292 na terceira e 365 na quarta, ao passo que a edição mais recente, o DSM-5, traz diagnósticos para muitas emoções e comportamentos humanos normais. Do ponto de vista médico, esses rótulos são pouco relevantes, já que a maioria dos diagnósticos depende de uma simples lista de sintomas. As estatísticas oficias mostram um crescimento exponencial no uso de medicamentos e que o objetivo da psicoterapia é, cada vez mais, forçar os pacientes a se adaptar às normas sociais – há quem prefira dizer que o objetivo é disciplinar os pacientes.

"A medicina moderna é a negação da saúde. Ela não existe para preservar a saúde humana, mas para prover lucros para si mesma como instituição. Para isso, ela cria mais doenças do que tratamentos", afirma o anarquista cristão austríaco Ivan Illich, autor de *Limits to Medicine: Medical Nemesis* [Limites para a medicina: a nêmesis médica] (1975), cujo argumento principal é que "o establishment médico se tornou uma enorme ameaça à saúde". Segundo ele, "esse processo, que chamo de 'medicalização da vida', requer um reconhecimento político articulado". Os remédios frequentemente trazem efeitos colaterais gravíssimos, piores até do que a condição inicial. Mas, como são prescritos por "profissionais" que (supostamente) têm acesso às verdades máximas sobre a saúde, acreditamos incondicionalmente. É inevitável que isso traga consequências graves para nós.

Quando pensamos sobre a desigualdade econômica, é claro que isso nos deixa estressados. O problema é que esse estresse pode ser interpretado por muitos médicos como doença, levando-os a prescrever antipsicóticos. Trabalhadores de baixa renda e muitas famílias de classe média sofrem com o constante estresse financeiro, graças ao aumento do custo de vida e ao arrocho salarial. A situação de estresse crônico leva inevitavelmente a uma série de problemas de saúde.

Tentando resumir tudo o que disse e tudo que me esqueci de dizer, parece que estamos enfrentando uma situação paradoxal:

1 Instabilidade financeira constante e o empobrecimento estão literalmente nos levando à loucura.

2 Pagamos consultas caras, recebemos um diagnóstico (todo mundo tem um diagnóstico diferente para receber, inclusive você) e saímos do consultório com uma receita médica nas mãos.

3 Compramos remédios caros que nos deixam viciados. Nos tornamos dependentes e pagamos rios de dinheiro para empresas farmacêuticas, que nos vendem narcóticos legalizados pelo resto da vida (ou até que nosso dinheiro acabe).

Precisamos encontrar uma saída para esse círculo vicioso.

(!)

E se, para não nos sentirmos loucos, tristes ou fodidos, não precisássemos recorrer sempre aos comprimidos? E se pudéssemos encontrar outras pessoas que estão se sentindo da mesma maneira, se pudéssemos conversar sobre problemas e sentimentos, para nos organizar e resolver essas questões?

Se você não tem dinheiro para pagar os empréstimos estudantis, você tem todo o direito de se sentir triste e puto da vida. Se você trabalha o dia inteiro, mas não tem dinheiro para pagar o aluguel, tem todo direito de perder a cabeça. Mas não corra atrás de remédios. Eles podem até ajudar a dormir, mas não resolvem os problemas que tiram seu sono.

Converse com as pessoas.

(!)

Em maio de 2012, quando estávamos no centro de detenção feminina em Moscou, durante o processo de investigação do nosso crime, a psiquiatria surgiu como uma opção. Devo admitir que estava assustada pra cacete e comecei a entrar em pânico.

Passei boa parte da minha juventude estudando o movimento antipsiquiátrico e tinha plena consciência dos horrores da psiquiatria punitiva. Você já deve ter lido ou assistido a *Um estranho no ninho*. Fomos submetidas a um exame de psiquiatria forense no hospital psiquiátrico de Kashchenko, uma instituição envolvida até o pescoço com abusos políticos da psiquiatria nos tempos da União Soviética. Eu me esforçava para parecer o mais normal possível. Descobri que o médico realmente era simpático à nossa causa. Ele deu um sorriso caloroso quando respondi à pergunta sobre minhas prioridades, dizendo que era a liberdade, a irmandade / sororidade e a igualdade.

Entretanto, nós três fomos diagnosticadas como portadoras de "transtorno de personalidade mista". Quais são os sintomas? "Abordagem proativa frente à vida", "desejo de autorrealização", "defesa teimosa das próprias opiniões", "tendência a comportamentos opositivos", "propensão a reagir com protestos". Tudo isso estava escrito no relatório psiquiátrico. Pra ser sincera, nem liguei. **Eles definiram como se fosse uma condição anormal, mas acho que essas são as características de qualquer ser humano que esteja vivo.**

O relatório continha um linguajar muito parecido com o dos critérios utilizados nos tempos da União Soviética para diagnosticar dissidentes. A psiquiatria punitiva serviu amplamente naquele período como arma de controle ideológico e repressão. Os cidadãos soviéticos deviam ser submissos e nunca questionar. Aqueles que se levantavam contra a opressão ou demonstravam qualquer indício de independência eram vistos como arruaceiros suspeitos, como ameaça para a vida diária.

Todo o poder para a imaginação

A seguir, algo que escutei em uma sala de aula na Rússia:

CRIANÇAS: Somos a favor da justiça!

DIRETOR: E o que é a justiça para vocês?

CRIANÇAS: Aquilo que não temos agora.

Precisamos aprender a ser criança outra vez, a usar a imaginação e a pensar em alternativas que sejamos capazes de criar com nossas mãos e em possiblidades de futuro que possamos estabelecer através de mudanças na vida, no comportamento, na forma de pensar e consumir produtos, ideias, conceitos políticos, notícias e redes sociais.

Com frequência, não acreditamos que outro mundo seja possível. É o que chamamos da doença do "não há alternativa" (NHA) (em inglês, There Is No Alternative, TINA], que representa a crise da imaginação em sua forma mais pura. "Não há alternativa" era o slogan predileto de Margaret Thatcher. No caso dela, geralmente tinha relação com economia. Escrevendo sobre esse princípio de Thatcher no jornal *Nation*, Laura Flanders afirmou que essa expressão significa que "o capitalismo globalizado, também conhecido como livre mercado e livre comércio, é a melhor maneira de acumular fortunas, distribuir serviços e permitir que a economia cresça. A desregulamentação não é apenas boa, é divina".

A doença do NHA é global. Como ativistas, estamos completamente habituadas a escutar essa resposta dos nossos compatriotas russos: sim, nosso governo é corrupto. Os tribunais existem apenas para proteger as elites. A polícia não trabalha e só está lá para receber propinas. Putin é um ladrão, mas não há alternativa.

As estatísticas oficiais afirmam que a esmagadora maioria dos russos (80%) apoia Putin. Isso é bobagem. Basta investigar um pouquinho para ver que muitos cidadãos estão perfeitamente cientes de como Putin é corrupto e ganancioso, de como rouba o dinheiro e os direitos do povo russo e como monopoliza os recursos nas mãos de um pequeno grupo de comparsas. Todos temos ciência de que vivemos em uma plutocracia, uma oligarquia. Qualquer coisa menos uma democracia. Mas é aí que a síndrome do NHA aparece. "Mas, sem o Putin, quem vai governar a Rússia?", é o que mais escuto. "Você!", é o que respondo. Posso garantir que você tem mais dignidade, amor à pátria e respeito pelos outros cidadãos do que Putin. Essa é a mais pura verdade. É possível fazer as coisas de outra maneira. Existem inúmeras pessoas inteligentes e de bom coração neste país para nos comandar melhor que Putin.

Isso também vale para os Estados Unidos. "A política da inevitabilidade é uma espécie de coma autoinduzido", afirma Timothy Snyder, autor do livro *Sobre a tirania*.

> Enquanto havia uma disputa entre os sistemas comunista e capitalista, e a memória do fascismo e do nazismo estava viva, os americanos prestavam mais atenção à história e preservavam os conceitos que lhes permitiam imaginar futuros alternativos. Ainda assim, no momento em que aceitamos a política da inevitabilidade, partimos do pressuposto de que a história havia deixado de ser relevante. Se tudo o que ficou no passado é governando por uma tendência conhecida, não há necessidade de estudar os detalhes.

O NHA ajuda as elites, mas não ajuda o povo. Nós escolhemos lutar por nossos sonhos, escolhemos não ser impotentes.

AÇÕES

Alternativa: outra polícia é possível

É um erro colocar ativistas políticos na prisão. Isso só nos fortalece e nos torna mais convencidos de nossas crenças. Se você pensa em se tornar presidente ou primeiro-ministro, lembre--se dessa lição e não tente silenciar ativistas, aprisionando-os. Essa não é uma alternativa prática. Encontramos formas de nos comunicar nos tribunais e nas celas; encontramos formas de nos fortalecer a partir das experiências na prisão.

(!)

Putin e sua equipe cometeram um erro enorme quando decidiram nos prender. Bem feito! É agora que vamos pegar no pé deles.

As autoridades afirmam que as apresentações do Pussy Riot são controversas e ofensivas. Todos os nossos videoclipes são considerados "extremistas", e uma decisão judicial proibiu o acesso a eles na Rússia. Mas entendo a razão: nós questionamos quem está no poder.

Mas acredito que dar um chute na bunda do governo seja um direito humano básico. Eu me dedico inteiramente a tudo o que faço.

(!)

Quando as autoridades se irritam com você a ponto de trancafiá-lo, orgulhe-se disso. A cadeia só é capaz de te enfraquecer se você permitir. **Quando roubam sua liberdade, suas decisões e**

sua coragem continuam poderosas. Para quem decide prender você, não há nada pior do que sua coragem e a fidelidade aos seus valores, mesmo quando você está atrás das grades. É um jogo cruel: o objetivo deles é destruir publicamente sua força de vontade, mas você pode encontrar formas sorrateiras de se encorajar e de se desenvolver, em vez de encolher e morrer (algo que seria esperado nessa situação).

O tempo em que estive na prisão me causou a sensação incrivelmente doce e paradoxal de ser uma vencedora e uma perdedora ao mesmo tempo. Estávamos na prisão, mas, graças ao processo, estávamos mostrando que o governo era formado por uma gangue de ex-agentes da KGB e oligarcas míopes, gananciosos e vingativos, que tinham medo de três mulheres de vestido colorido e gorros engraçados.

"Aqui na prisão, aprendi algo muito importante – ter ódio do Estado moderno e da sociedade de classes", escreveu de dentro da cadeia o anarquista antifascista Dmitry Buchenkov, doutor em ciências políticas e técnico de boxe. Ele foi preso em decorrência de um caso absurdo e com motivação política ligado às manifestações de 2012 na Rússia.

> Isso é fundamental para os revolucionários. Eu já pensava nessas coisas antes, mas minha percepção era puramente lógica. Agora ela advém de um profundo desespero emocional. Tenho que agradecer à equipe de investigação e a todos os oficiais envolvidos no caso por eu finalmente ter me transformado em um revolucionário. Faltava-me um pequeno detalhe: a prisão, onde tive a chance de conhecer pessoas completamente diferentes e que compõem as bases da sociedade russa, de drogados a empresários. Ninguém é capaz de fazer tantas observações e tirar tantas conclusões políticas em tão pouco tempo.

Dmitry Buchenkov foi parar na prisão depois de ser acusado de participar de uma manifestação ilegal em Moscou, no dia 6 de maio de 2012. Ele não estava em Moscou naquele dia, o que torna sua participação no protesto impossível. Mas os policiais não deram a mínima. Eles detestam o cara e querem que ele fique preso porque é inteligente demais e estava organizando a comunidade.

(!)

No dia em que fomos liberadas da cadeia em dezembro de 2013, decidimos fundar a Zona Prava (ou Zona dos Direitos). O brilhante advogado russo, Pavel Chikov, que nos defendeu quando estávamos presas, tornou-se o diretor da organização.

A missão da nossa iniciativa em favor de uma reforma no sistema carcerário é acabar com a atual corporação policial – um sistema tenebroso que mói seres humanos e só serve para encher as valas do cemitério – e oferecer uma alternativa a esse sistema falido. O total de réus absolvidos na Rússia moderna é de menos de 1%. O que isso significa na prática? Que as pessoas levadas à delegacia quase não têm chances de sair de lá em liberdade. Mesmo as pessoas que trabalham para esse sistema não estão satisfeitas com ele. Conheço muitos policiais que se importam com a dignidade e o amor-próprio. Temos muitos ex-policiais e ex-promotores trabalhando conosco em defesa dos direitos da população carcerária.

Todos os dias há casos de pessoas que morrem sob custódia policial. Há milhares de mortes todos os anos nas prisões russas, metade delas causadas por tuberculose – ainda que a medicina moderna seja capaz de curar a doença com facilidade – e por HIV, que também deixou de ser uma sentença de morte fora dos muros da prisão. Temos trabalhado para reeducar as equipes de carcereiros e policiais que trabalham nas carceragens, com o objetivo de fazê-los entender que os presos são seres humanos. Também ajudamos os detentos a escrever reclamações e petições, além de abrir processos. Atualmente, estamos envolvidos com casos contra carcereiros russos nos tribunais russos e no Tribunal Europeu de Direitos Humanos, que tem ajudado presos com enfermidades graves a conseguir liberdade condicional. Nossos médicos visitam as colônias penais e realizam exames para detectar câncer e HIV nos pacientes.

Um ano depois da libertação do Pussy Riot, a Zona Prava já participava de dezenas de casos em toda Rússia, além de mais de dez casos no Tribunal Europeu de Direitos Humanos.

Começamos a trabalhar em complexos prisionais e tínhamos certeza de que, se encontrássemos formas de ajudar os condenados a descobrir formas legais de protestar contra sua escravidão, poderíamos fazer muito mais pelos incontáveis cidadãos russos que desejam expressar sua insatisfação com o sistema político putinista. Fizemos um livro que lista uma série de reclamações e sugestões, mas até o momento o público não tem acesso a esse conteúdo.

A maior parte dos detentos está na cadeia graças à guerra às drogas. Até mesmo a posse de maconha pode resultar penas de até oito anos. O próximo grupo mais numeroso é o de vítimas de abusos domésticos, mulheres que apanharam dos parceiros ou de outros familiares e que, às vezes após décadas, resolveram o problema com as próprias mãos. O que mais elas poderiam fazer? Conheci muitas mulheres nessa situação que, se fossem à polícia, ouviriam algo como: "Mas você ainda não está morta! Volte quando for assassinada". É sério. A história sempre se repete. É como se os policiais recebessem um manual com respostas prontas para dar a quem chega à delegacia se queixando de violência doméstica.

Não seremos capazes de mudar o sistema policial russo sem a ajuda do governo. E, obviamente, nosso governo faz de tudo para evitar reformas no sistema prisional e na força policial. O que podemos fazer é nos munir de informação, de advogados e da margem de segurança garantida pelo monitoramento público. Podemos ajudar as pessoas a imaginar uma maneira diferente de fazer as coisas, pelo bem de todos.

Alternativa: uma imprensa diferente é possível

No final de 2013, Putin estava extremamente insatisfeito com os eventos revolucionários que ocorriam na Ucrânia. Sua lógica era clara: se mudanças radicais ocorressem em nosso vizinho mais próximo, seu poder na Rússia não seria tão estável quanto ele imaginava. Para Putin, era uma questão de honra provocar o caos na Ucrânia e garantir que nenhum russo visse a revolução ucraniana como um exemplo positivo de troca das elites por meio do poder popular. Para isso, Putin deu três passos: 1) anexou a Crimeia, 2) iniciou uma guerra secreta no leste da Ucrânia e 3) deu início a uma guerra aberta na imprensa contra a Ucrânia e contra qualquer pessoa na Rússia que ousasse fazer críticas à invasão nesse território. Quando você pensa que não dá para piorar, seu presidente envia tropas para um país vizinho e – caramba! – diz que não fez nada disso, mesmo que tenhamos testemunhas e provas fotográficas. É *gaslighting* elevado à enésima potência.

Quem vivia nos Estados Unidos teve a chance de sentir o impacto da guerra midiática travada pela Rússia em 2016, durante as eleições presidenciais. Mas na Rússia temos vivido com essa realidade há um bom tempo, desde o primeiro mandato de Putin como presidente, em 2000.

Qualquer tentativa de fornecer informações verdadeiras sobre o que estava acontecendo na guerra da Rússia contra a

Ucrânia em 2014 (que não defendesse posições pró-Rússia ou pró-Ucrânia, mas que buscasse simplesmente realizar uma reportagem honesta) era suficiente para colocar o repórter em sérios riscos. Jornalistas e editores perderam o emprego e foram ameaçados; investidores e anunciantes de meios de comunicação que ousassem apresentar informações reais eram intimidados e *convencidos* a parar de financiar a mídia *traidora*. Fábricas de *trolls* também tiveram muito trabalho. Elas se tornaram gigantescas redes de pessoas pagas pelo governo com o objetivo de disseminar informações falsas na internet. Eles eram pagos para dar "dislike" ["descurtir", na gíria de internet] em qualquer vídeo do YouTube que questionasse o poder de Putin e de seu aparato político. Estamos falando de pessoas adultas que usam o dinheiro do contribuinte para clicar em "dislike" nos vídeos do Pussy Riot. Fala sério!

Ataques de negação de serviço [DOS, Denial of Service, na sigla em inglês) em sites que postam qualquer crítica ao governo também são outra ferramenta popular. Os ataques DOS derrubam sites durante algum tempo, o que pode ser incômodo para empresas de mídia que publicam notícias em tempo real. Outra ferramenta é o uso dos tribunais e das agências governamentais que bloqueiam para todos os usuários russos determinados conteúdos que consideram ruins.

O ano que se seguiu à nossa libertação foi especialmente difícil para a imprensa, que praticamente implodiu sob a pressão do governo. Em 2014, a máquina de propaganda estatal se tornou incrivelmente irresponsável. A imprensa oficial era o paraíso das *fake news*. Tivemos a oportunidade de observar a que ponto chegam as mentiras propagadas pelos meios de comunicação.

Foi por isso que criamos, em 2014, um órgão de imprensa independente chamado MediaZona. (Como você já deve ter percebido, não estamos facilitando nossa vida.)

O ponto central é que oferecemos uma fonte alternativa de informação livre de censura.

É muito mais difícil enganar cidadãos que sabem o que está acontecendo. Nosso papel é ser uma fonte de informações confiáveis. Não publicamos colunas nem artigos de opinião, porque acreditamos que nossos leitores podem chegar às *próprias conclusões*. Confiamos no nosso público. Eles é que devem decidir de que lado estão.

É muito bom ver como a grande mídia – controlada pelo Kremlin – faz referência aos artigos da MediaZona em suas notícias. Até mesmo as pessoas que *literalmente trabalham para o Kremlin* sabem que podem confiar na MediaZona. Somos rígidos com os processos de checagem de fatos. É muito difícil conquistar a confiança do público, mas é possível colocar tudo a perder com uma única história falsa.

No início, cobríamos sobretudo notícias ligadas às forças policiais: a política na Rússia passava do Parlamento para os tribunais e as prisões, lugares para onde as pessoas politicamente engajadas em geral vão. Fornecemos relatos on-line direto dos tribunais e expomos o absurdo, a brutalidade e a injustiça que dominam as instituições da Rússia atual. Às vezes os casos são engraçadíssimos, outras vezes fazem chorar. Publicamos histórias sobre detentos e ex-detentos, dando voz a quem o Estado prefere silenciar.

A MediaZona já existe há mais de três anos. Estamos crescendo e agora cobrimos uma gama mais ampla de temas, compondo uma enciclopédia da vida na Rússia. Nossa principal pergunta é: como é a vida real na Rússia?

Não estamos preocupados com as imagens oficiais em que Putin aparece abraçando crianças ou emocionado pelo som bucólico dos sinos de igreja. Nosso objetivo é reunir informações sobre protestos realizados longe dos grandes centros urbanos e que, geralmente, passam despercebidos: greves de mineradores e caminhoneiros ou manifestações organizadas por professores descontentes. Também entrevistamos promotores, juízes, policiais, carcereiros e outras pessoas que trabalham ou já trabalharam no sistema penal. Eles ajudam a mostrar como as coisas realmente funcionam: os cinco passos da fabricação de um caso criminal, como torturar um prisioneiro sem deixar evidências, as dez principais maneiras de aceitar suborno etc.

(!)

"Então, está pronta para atear fogo em carros de polícia?" Foi a primeira coisa que Serguei Smirnov me disse quando nos encontramos pela primeira vez em uma reunião de ativistas de esquerda em 2008. Atualmente, ele é o editor-chefe da MediaZona. É ele quem fala mais sobre a organização:

Durante alguns anos, observamos o que estava acontecendo, e, depois de um tempo – do meu ponto de vista –, os eventos mais importantes (por exemplo, o caso de Alexei Navalny, crítico de Putin) foram parar nos tribunais. A política de verdade estava saindo das praças e indo para os tribunais. Um caso após o outro. Além disso, inúmeras novas medidas legislativas foram introduzidas com o objetivo de limitar a ação política. Tornou-se óbvio que as práticas judiciais haviam se convertido em uma nova forma de comunicação entre quem está no poder e seus opositores. E houve um momento em que todo mundo sabia exatamente o que estava acontecendo. Mas, quando todo mundo sabe o que está acontecendo, uma dúvida se sobressai: o que fazer a seguir? Uma das possibilidades é não fazer nada.

Decidimos fazer a cobertura desse processo. Nunca pensamos que isso seria do interesse geral da população. Nem acreditamos que, de um dia para o outro, tanta gente se interessaria por como os policiais estavam matando pessoas ou sobre como muita gente foi colocada atrás das grades por anos. [...] Naturalmente, esse não é um tipo muito popular de informação, mas é muito importante.

Talvez seja uma ideia esquisita, mas nossa missão é mudar constantemente. Temos muitos objetivos. Um deles é chamar atenção para casos que estão nos tribunais, para os próprios tribunais e para os problemas do sistema judicial. Fazemos transmissões ao vivo dos processos para mostrar como tudo funciona na prática.

Na verdade, também tenho outra ideia bem peculiar sobre nossa missão. Escrevi alguns artigos sobre o século XIX e minha opinião é a seguinte: se daqui a dez, quinze ou vinte anos nosso site puder ajudar um pesquisador a entender o momento histórico atual, eu vou ficar muito feliz. Eles podem ler os arquivos das transmissões ao vivo nos tribunais para entender o que estava acontecendo e ter uma ideia de como era nossa época.

É claro que tudo o que podemos fazer é oferecer um pequeno recorte da realidade. Mas registrar o momento presente e o que está acontecendo no calor da hora é fundamental. Tenho certeza de que neste momento somos incapazes de definir com clareza o que é e o que não é importante para nós. Então, é ainda mais difícil prever o que será importante para uma pessoa que esteja estudando a Rússia daqui a dez ou quinze anos. Mas, nesse contexto, gostaria que os pesquisadores também se baseassem em nossa cobertura. É um pensamento esquisito sobre como entender a sociedade.

Acho que um dos problemas mais sérios está na lei e no sistema que colocam tantas pessoas na prisão. Um bom exemplo é o artigo 228 do Código Penal Russo sobre narcóticos. É um tipo clássico de lei que só serve para a) abrir processos criminais, b) bater as metas de suspeitos levados a julgamento e c) condenar um número X de pessoas em determinado período. Ninguém acredita que o Código Penal exista para punir criminosos. A lei de narcóticos é uma questão à parte, já que de 30 a 40% dos detentos cumprem penas por crimes relacionados a drogas.

É provável que, em 50% dos casos, as pessoas sejam condenadas porque os investigadores são obrigados a levar casos a júri, de modo que os promotores utilizam processos relacionados a drogas para inflar suas próprias metas e estatísticas. Isso é um problemão. E não existe qualquer controle sobre essas agências. Basicamente, eles podem escrever o que quiserem nos arquivos ligados aos casos.

Este é o principal problema: as pessoas não sabem mais trabalhar direito. Dá para perceber isso pelo baixíssimo nível do trabalho feito nos tribunais. Os investigadores já não sabem mais como investigar. Ninguém explica as coisas para eles, e também não tem ninguém que os questione. Trata-se de um sistema completamente falido. Mesmo os investigadores recém-chegados percebem que, depois de abrir o caso, o que eles escrevem nos arquivos é irrelevante. Eu vi cada bobagem nos protocolos que analisei durante o ano passado. No fim das contas, quando precisam encontrar um suspeito envolvido em um crime de verdade, eles não sabem nem por onde começar. Os profissionais se habituaram a fazer parte de um sistema em que tudo é programado.

Conversei com juízes, e muitos deles estão desesperados. Sabem que não podem declarar os réus inocentes; sabem que não são eles que realmente definem as sentenças. Tenho a impressão de que, quando os juízes têm liberdade para tomar uma decisão por conta própria, eles ficam muito felizes. É sério.

(!)

Se não usássemos nossa imaginação, jamais teríamos inventado a lâmpada.

Portanto, permita que sua imaginação encontre alternativas. Já imaginou se policiais fossem assistentes sociais em vez de assassinos e assaltantes? E se o sistema de saúde fosse gratuito? Já pensou em como seria a arte feita pela arte, não para ser vendida por milhões? Como seria uma educação que encorajasse a criatividade e a curiosidade, não a submissão?

HERÓIS

Alexandra Kollontai

Alexandra Kollontai era feminista, ativista e foi a primeira embaixadora e ministra do governo russo.

Kollontai nasceu em São Petersburgo em 1872. Sua mãe teve três filhos do primeiro casamento antes de se divorciar – o que não era nada fácil na época – e se casar com o homem que seria o pai de Alexandra. Alexandra não aceitou o casamento que sua família havia arranjado, preferindo se unir a um primo distante e pobre, que aparentemente não era ideal.

Após a Revolução Russa, Kollontai escreveu sobre relações de gênero e igualdade para as mulheres na sociedade comunista que ela acreditava estar surgindo. As mulheres não são propriedade dos homens, escreveu em *As relações sexuais e a luta de classes* (1921). O divórcio deveria ser facilitado. O casamento deveria se basear em liberdade, igualdade e amizade. Kollontai chocou até mesmo seus colegas bolcheviques.

Nos anos 1960 e 1970, surgiram as herdeiras de Kollontai, como a ativista e visionária Shulamith Firestone (1945-2012). Suas ideias eram um coquetel radical de feminismo e críticas ao marxismo e à psicanálise. Em *A dialética do sexo* (1970), um campeão de vendas que escreveu aos 25 anos de idade, Firestone defende que a completa eliminação do conceito de gênero é a única forma de alcançar a igualdade. Segundo ela, para acabar com as "classes sexuais", as crianças deveriam ser fruto de "reprodução artificial", deixando de depender de uma única mãe. "As diferenças genitais entre os seres humanos perderiam a relevância cultural", afirmou, e o trabalho não seria dividido entre os sexos, já que o próprio trabalho seria eliminado ("por meio da cibernética"). Defensora do celibato, Firestone afirma que, em uma sociedade igualitária, sexo e reprodução deixariam de ser importantes.

Em um artigo publicado na revista *The Atlantic* após a morte de Firestone, Emily Chertoff afirma que "Firestone desejava eliminar os seguintes traços da sociedade: papéis de gênero, sexo para procriação, gênero, infância, monogamia, maternidade, unidade familiar, capitalismo, governo e, sobretudo, o fenômeno fisiológico da gravidez e do parto".

Kollontai se concentrava na igualdade. Seus textos parecem muito atuais, não algo escrito há um século. Em *As relações sexuais e a luta de classes*, ela discorre a respeito da hipocrisia social. Se um homem se casasse com uma cozinheira, ninguém diria nada, mas, se uma médica se casasse com um peão, ela seria criticada (mesmo que ele fosse bonito, afirmava).

Sob regimes capitalistas, escreve Kollontai, a mulher é forçada a trabalhar *e* a cuidar dos filhos, o que é impossível. As mulheres deveriam ocupar o mesmo espaço que os homens no ambiente de trabalho, sendo definidas pela atividade que realizam, não pelas amarras domésticas impostas a elas. Em *O comunismo e a família* (1920), a autora afirma que a igualdade no ambiente de trabalho deixaria as mulheres sem tempo para cozinhar, limpar e costurar, trabalhos considerados improdutivos para a nova sociedade. Na verdade, o próprio conceito de família seria desnecessário – os trabalhadores deveriam comer em refeitórios comunitários, ter suas roupas lavadas por outras pessoas, e o Estado deveria se responsabilizar pelas crianças. Com esse vislumbre do feminismo radical escrito nas primeiras décadas do século XX, Kollontai se adianta em mais de meio século à segunda onda do feminismo, com um tipo de visão que somente artistas e pensadores capciosos e intuitivos são capazes de ter. Assim, ela captou com muitos anos de antecedência os ares de uma nova época.

Em *Autobiografia de uma mulher comunista socialmente emancipada* (publicado na Rússia em 1926), Kollontai escreve sobre sua desilusão com as atitudes do Partido Bolchevique em relação a suas iniciativas para trazer as trabalhadoras para o movimento. Esses confrontos tiveram início muito antes da Revolução de 1917, com os primeiros ocorrendo já em 1906. Kollontai tentou criar um escritório de mulheres, mas suas tentativas foram frustradas.

> Percebi pela primeira vez quão pouco nosso partido se preocupava com a sorte das mulheres da classe trabalhadora e quão pequeno era o seu interesse na libertação feminina. [...] Meus camaradas de

partido acusaram a mim e àquelas mulheres que compartilhavam meu ponto de vista de sermos "feministas" e atribuirmos demasiada ênfase às questões que diziam respeito apenas às mulheres.

Kollontai era obstinada com relação às questões feministas, e sua influência foi fundamental para a criação do Congresso de Mulheres da Rússia, em dezembro de 1908. Depois desse evento, ela foi forçada a sair da Rússia e a viver na Alemanha, onde se filiou ao Partido Social-Democrata. Lá, ela se envolveu com importantes figuras da social-democracia europeia, como Rosa Luxemburgo, Karl Liebknecht e Karl Kautsky. Ela viajou por toda a Europa em defesa da causa, participando de eventos como a greve das donas de casa de Paris.

Ela conhecia Lênin e se juntou aos bolcheviques. Em 1917, assumiu o cargo de comissária popular de Bem-Estar Social, tornando-se a primeira mulher russa a ocupar um cargo no governo. Porém, os leninistas não acreditavam tanto quanto Kollontai na importância dos direitos femininos. É preciso admirar Kollontai por forçar os bolcheviques a considerar essa causa, porque Lênin, Trótski, Stálin e os líderes do partido eram homens avessos às contrariedades. Porém, quando tendências conservadoras começaram a ganhar força dentro do partido, Kollontai foi novamente obrigada a deixar a Rússia. Ela se tornou embaixadora da União Soviética na Noruega em 1923, tornando-se a primeira mulher a ocupar um cargo diplomático. Após uma vida longa e cheia de aventuras, morreu em 1952.

"Novos conceitos para a relação entre os sexos já estão sendo esboçados", escreveu há cem anos. "Aprenderemos com eles a desenvolver relacionamentos que se baseiam em ideias incomuns, como a liberdade total, a igualdade e a amizade verdadeira."

A capacidade de pensar para além dos limites de seu próprio tempo é a principal capacidade de um criador.

REGRA Nº 10

SEJAMOS PESSOAS

O feminismo é uma ferramenta libertadora que pode ser utilizada por homens, mulheres, pessoas trans, *queer*, agênero por qualquer pessoa. O feminismo permite que eu diga: Eu me comporto como prefiro e como me sinto, eu desconstruo papéis de gênero e brinco com eles, eu faço as misturas que quero. Os papéis de gênero são paleta de cores, não amarras.

Não há homem nem mulher;
pois todos são um em Cristo Jesus.
APÓSTOLO PAULO, *Gálatas 3:28.*

Nenhuma mulher chega ao orgasmo
encerando o chão da cozinha.
BETTY FRIEDAN, *Mística feminina.*

Os oprimidos sempre acreditarão no pior a
respeito de si mesmos.
FRANTZ FANON

PALAVRAS

Bruxa e puta com orgulho

"Obviamente, o feminismo russo não surgiu na Rússia e não tem base", afirmou o arcipreste Dmitry Smirnov, porta-voz popular da Igreja Ortodoxa Russa.

O objetivo do feminismo é destruir os princípios cristãos. O feminismo tenta colocar as mulheres no mesmo nível dos homens, privando-as das vantagens próprias das mulheres. O feminismo joga a família no lixo. Se você foi batizada, é seu dever ver o feminismo como um veneno que torna as pessoas infelizes quando penetra na mente da sociedade e das famílias.

Sempre gostei de assistir aos vídeos do arcipreste Smirnov no YouTube. Ele foi uma das inspirações para o Pussy Riot. Sentíamos que tínhamos perdido o chão depois de assistir a seus sermões e, nesse processo, tivemos a ideia de montar uma banda punk feminista.

O arcipreste Smirnov fala sobre as vantagens próprias das mulheres que seriam destruídas pelo feminismo. Que papo furado; é sempre a mesma história. Os sexistas adoram dizer que estão ajudando as mulheres quando as colocam em um pedestal superespecial. Mas, para variar, quem sobe nesse pedestal não tem a menor chance de fazer um trabalho criativo, ter uma carreira nem realizações pessoais. Esse pedestal transforma as mulheres em servas ou em objetos bonitos para serem apreciados. **Além disso, é muito mais fácil espiar por baixo da saia de uma mulher que esteja no alto de um pedestal.**

Em vídeo, Smirnov afirma com sua voz grave:

A escola deve servir como muleta para que as crianças se preparem para a vida adulta. Deus meu! Há 25 anos nossas escolas, influenciadas pelos ventos do Ocidente, rejeitaram a educação e se limitaram a enfiar informações na cabeça das crianças. E tem mais: *99,9% das pessoas que dão aulas são mulheres. Em termos de capacidade física e psicológica elas... Só homens deveriam dar aulas!*

"O feminismo encoraja as mulheres a abandonar os maridos, a matar os filhos, a praticar bruxaria, a destruir o capitalismo e a virar lésbicas", afirmou, aparentemente fora de si, Pat Robertson, cristão conservador, televangelista e magnata da mídia estadunidense.

"O feminismo foi criado para permitir que mulheres feias tenham acesso facilitado ao *mainstream*", afirmou Rush Limbaugh, radialista conhecido por popularizar o termo "feminazi", além de relativizar a importância do consentimento nas relações sexuais.

Donald Trump se gaba de abusar sexualmente de mulheres e nem se importa com a reação da imprensa: "Tanto faz o que eles escrevem, desde que você esteja acompanhado de uma bundinha jovem e bonita".

"Homens de verdade devem sempre tentar. O papel das mulheres é resistir", afirmou Vladimir Putin.

Na Rússia, apenas 10% dos cargos do governo é ocupado por mulheres. No ranking mundial, nós só estamos em melhor posição que os países mais pobres da África e o mundo árabe, onde existem restrições legais e religiosas para o envolvimento das mulheres na política e na vida pública. Ainda assim, as pesquisas mostram que um quarto dos cidadãos russos acreditam que não há espaço para mulheres na política ou que sua participação deveria ser reduzida. Em vez de proteger as mulheres da *violência doméstica*, o governo do meu país aprovou recentemente uma lei que *a legaliza*.

Os sexistas vivem entre nós, não apenas no Senado e na televisão. Uma declaração feita pelo pai de Kat, uma das ativistas do Pussy Riot que foram presas, foi utilizada em nosso julgamento: "Ele acredita que Tolokonnikova atraiu a filha para o movimento feminista. Nesse sentido, ele aproveitou para rechaçar e condenar a ideia de qualquer tipo de feminismo na Rússia, pois acredita que esse movimento não se adequa à civilização russa, que é diferente da civilização ocidental". Essa afirmação infernal foi citada no veredito do nosso julgamento e foi utilizada pelo tribunal para comprovar que minha "correção" não seria possível sem que eu fosse apartada da sociedade.

"Feminismo e feministas são palavrões, são palavras indecentes", afirmou o guarda da Catedral de Cristo Salvador, uma das "partes prejudicadas" arroladas durante o julgamento do Pussy Riot. Se isso for verdade, xinguem o máximo que puderem. Falem palavrões. Sejam indecentes.

"O feminismo já conquistou tudo! O que mais vocês querem?" Quantas vezes você já ouviu essa pergunta? Eu tenho a impressão de que todos os meus dias começam assim. Mas, se pensarmos em tudo o que acabei de dizer, não me parece que o feminismo possa cantar vitória e pendurar as chuteiras.

(!)

Nós nos consideramos parte da terceira onda do feminismo. Ela existe para desconstruir o próprio conceito de dualidade dos gêneros. Se gênero for um espectro, a discriminação com base no gênero se torna absurda. Rejeitamos o modelo binário que só aceita homens e mulheres. Temos outra perspectiva sobre esse conceito: existem incontáveis gêneros que não seguem uma linha entre os polos "masculino" e "feminino". Eu não assumo uma identidade sexual estável; me reconheço como pessoa *queer*. Não vejo nenhuma razão para dizer que "nunca vou fazer isso ou aquilo".

Não há serventia em acreditar que as gerações anteriores estabeleceram todas as regras para você e que todos os papéis de gênero foram previamente estabelecidos. **Nem me venha com essa história de que só porque você nasceu com isso ou aquilo entre as pernas todo seu caminho já está traçado: que os meninos vestem azul, usam boina do exército e saem de pistola na mão, enquanto as meninas vestem rosa, usam laçarotes e lixa de unha.** Os papéis de gênero mudam de acordo com o tempo, o espaço e o contexto. Esse papo de que existem papéis historicamente neutros, eternamente masculinos ou femininos, é uma simplificação irresponsável. A cada década da história da humanidade, surgem diferentes noções de gênero e diferentes papéis prescritos para as diferentes classes sociais, ambientes de trabalho, faixas etárias e raças. **Você pode encher a boca pra falar essas merdas sobre a mística feminina, mas sei perfeitamente bem que as mulheres pobres que viviam como escravas na Rússia do século XIX eram fortes pra caralho. Elas dariam um couro em qualquer homem nova-iorquino dos dias de hoje.** Sempre existiram sociedades "tradicionais" para as quais há, por exemplo, três gêneros e quatro tipos de sexualidade. Há apenas dois séculos todos os aristocratas europeus héteros e cisgênero usavam toneladas de maquiagem e peruca.

Toda essa fantasia sobre "mulheres fracas" ou "sexo frágil" não passa de fetiche. Esse fetiche teve certo lugar em nossa história, mas, assim como houve um tempo e uma cultura em que esses padrões surgiram, também existe um tempo em que eles devem se desfazer como castelos de areia.

O que o feminismo significa para mim? **A libertação de expectativas irreais projetadas nas pessoas de acordo com seu gênero e o papel sexual que supostamente deveriam desempenhar.** Ser feminista é compreender a genealogia e a história dos papéis de gênero que prescreveram para você. Ser feminista é ter liberdade de escolha e fazer opções conscientes.

Não tenho tanto tempo assim neste planeta para fingir que sou o sexo frágil. Minha existência é finita e tenho um número limitado de anos pela frente. Quero aprender, experimentar, conquistar, mudar, sentir, arriscar, perder e ganhar o máximo que puder. Não tenho tempo para jogos antiquados. Tem muita gente que não aceita uma vida frugal. Mas e se essa for minha única vida, minha última chance? Não posso presumir que tenho milhares de anos pela frente.

Considero que sou ativista e feminista desde os sete ou oito anos de idade. Quando descobri o que era o feminismo, eu tinha oito anos. Imediatamente decidi que seria feminista porque aquilo fez sentido para mim. Você vai pra escola e percebe que os autores e os cientistas que estuda são homens. Então começa a se questionar. "Por quê? O que aconteceu com a história?" Foi assim que comecei a dizer que era feminista, até que um amiguinho da pré-escola veio até mim, muito chateado comigo, e me disse: "Está tudo bem, não se preocupe, aos oito anos todo mundo pode dizer que é feminista, mas você vai mudar de ideia e começar a gostar dos meninos quando tiver uns catorze".

Ele falou comigo como se eu estivesse doente, mas estava tentando me encorajar e dizer que eu iria superar aquela fase.

Eu sempre fui muito *nerd*. Uma vez, a professora de física me envergonhou na frente de todo mundo dizendo: "A Nadya é uma ótima menina! Ela tira as melhores notas de todos os tempos". Ela continuou, afirmando que eu provavelmente seria uma pessoa muito bem-sucedida e acabaria me casando com o presidente. Eu só tinha dez anos, mas me lembro de ter ficado furiosa. Eu queria saber por que eu mesma não poderia ser a presidente? **Será que a maior conquista de uma menina é ser a esposa de alguém?** Me tornei feminista porque os homens russos se recusam a estender as mãos para mim. Na Rússia os homens se negam a apertar as mãos das mulheres, e isso sempre me incomodou. Havia um cara do meu coletivo de arte que adorava dizer que as mulheres são incapazes de fazer arte. "A única verdadeiramente capaz foi Leni Riefenstahl", acrescentava. Esse papo me deixava ainda mais irritada.

Conheci a obra de Simone de Beauvoir quando eu tinha dezoito anos. "Não se nasce mulher, torna-se mulher", disse a autora. Foi ela quem me deu alguma esperança. Também tive a sorte de conhecer a teoria *queer* e o gênero como performatividade – com a ajuda de Judith Butler. **Aos dezoito anos percebi a principal questão da minha vida: como podemos redefinir as normas?** O que faz de você um pirata, um nômade ou um rebelde?

(!)

A misoginia tem cheiro de podre nas cidades grandes, mas o fedor é ainda pior em uma sociedade pequena e fechada, como vilarejos, pequenas cidades industriais ou prisões. Aprendi que na prisão obrigam você a participar de concursos de beleza. Se você não participar, não tem chances de conseguir a liberdade condicional. Não participar do concurso de "Miss Charmosa" significa que vão incluir em seu relatório que você "não tem uma postura proativa". Boicotei o concurso, então a diretoria concluiu que eu não tinha postura proativa. Como não competi, o tribunal não aceitou meu pedido de condicional.

A colônia penal também decidiu que minha amiga que preferia um visual andrógino não poderia sair em condicional porque costumava se apresentar nos shows da prisão calçando sapatos de salto baixo. Do ponto de vista da colônia, subir ao palco de sapato sem salto era masculino demais. Afinal, mulheres devem andar de salto alto. Minha amiga só conseguiu a condicional depois de se apresentar de salto alto e, assim, comprovar sua lealdade à feminilidade.

"Você pode ficar trancafiada pelos próximos sete anos", diziam os guardas. Eles não paravam de me provocar: "Uma moça tão bonita, mas você vai estar velha quando sair. Vinte e nove anos. Ninguém mais vai querer te comer".

(!)

Em sua essência, a palavra "puta" tem poder. Ela é dita com espanto, com raiva, e é usada para definir mulheres que olharam para o mundo e decidiram fazer o que bem entendessem. Com frequência, essa é uma escolha malvista. As mulheres são ensinadas a colocar os outros em primeiro lugar. Por isso, estamos recobrando essa palavra.

Tenho orgulho de ser uma putinha safada. Ao longo da história, as mulheres xingadas eram as mais fortes, as mais poderosas. Veja a bruxaria e, depois, veja a caça às bruxas.

Muitas pessoas que conheço, em sua maioria homens heterossexuais, afirmam que não apoiam o feminismo. Mas eles raramente querem saber o que significa feminismo. Essa rejeição tem origem no medo ou na fantasia. Deixe-me dar outra definição: "Feminismo é o movimento que visa acabar com o sexismo, com a exploração sexista e a opressão". Adoro essa definição da bell hooks.

O feminismo também é benéfico para os homens. O feminismo é benéfico para as pessoas trans. O feminismo é benéfico. Deixe-me explicar: se para ser homem de verdade você não puder chorar, passar pelo luto ou amar, quem perde é você. O feminismo serve para ajudá-lo a encontrar a paz com esses sentimentos. Não há nada de errado em ter sentimentos. Isso se chama "vida".

Imagine que você é homem, vive na Rússia e aos dezoito anos deve se alistar no Exército. Eles dizem que *homens de verdade* devem atirar e lutar. O serviço militar é obrigatório para os homens, mas não para as mulheres. Quando você era criança, meninos e meninas eram iguais no pátio do colégio. Instituições como o Exército aprofundam a distância entre os gêneros; quando você volta para casa depois de um ano de serviço, foi submetido a uma lavagem cerebral e deixou de ver as mulheres como parceiras, amigas e colaboradoras. Você virou um *homem de verdade* e agora vai tratar as mulheres como criaturas de outra espécie, como pessoas que devem ser a) protegidas e sacralizadas ou b) oprimidas e violentadas. Se você fosse um jovem de dezoito que precisa se alistar no serviço militar, não seria melhor se aliar às mulheres para, juntos, exigirem que o serviço seja voluntário e que ninguém precise ser escravo do Estado?

Mas não são apenas os *homens de verdade* que precisam ser questionados. Muitas mulheres (em sua maioria heterossexuais) ainda acreditam que o feminismo não é necessário. Durante milhares de anos, nossa sobrevivência se baseou em uma conexão submissa e masoquista com a cultura dominante. Portanto, é compreensível que seja difícil se livrar dessas amarras. As mulheres se sentem receosas, e é por isso que tantas delas votam em imbecis misóginos como Putin e Trump. É por isso que tantas mulheres desejam *mãos firmes*. Às vezes é muito difícil nos soltar das amarras que nos prendem, mas vale a pena.

Pode ser uma boa ideia morder a mão que a alimenta. Quando formos realmente iguais, essa mão não será mais necessária. Sem dominação. Simplesmente nos alimentaremos lado a lado.

Conheço algumas mulheres (em sua maioria heterossexuais) que ainda acreditam que nossa principal tarefa é competir umas com as outras por um parceiro. Que deveríamos brigar por causa de macho, não por nossos direitos. Nada poderia ser mais reconfortante para a cultura dominante! Enquanto acreditarmos que nossa sobrevivência depende da validação dos homens, eles vão nos usar com facilidade. É aquela velha história: force um grupo a perder a consciência do coletivo e o senso de solidariedade para poder brincar, usar e manipular seus integrantes. A crença de que nossa força vital se baseia na aprovação dos homens tem raízes históricas. De fato, as mulheres já foram completamente dependentes dos homens. Aquelas que fugiam da regra eram vistas como bruxas e marginais e, por isso, deveriam ser jogadas na fogueira. Mas os tempos mudaram um pouquinho.

(!)

O patriarca da Igreja Ortodoxa Russa quer proibir o aborto. Stálin proibiu essa prática em 1936 para aumentar a taxa de natalidade e a proibição continuou em vigor até 1955. A experiência soviética demonstrou que proibir a realização de abortos não aumenta apenas a natalidade, mas também dois indicadores fundamentais: o número de mulheres mortas em decorrência de abortos ilegais e o número de infanticídios.

Anna Kuznetsova, famosa por apoiar Putin e a teoria da telegonia (a crença de que os filhos podem herdar características de todos os parceiros sexuais que uma mulher já teve), foi escolhida como comissária dos Direitos da Criança em 2016. A sexualidade é uma fonte poderosa de vigor e inspiração. Por que suprimi-la, se é possível ensinar as pessoas a utilizá-la?

A sexualidade feminina está prestes a ser descoberta e libertada. Meus estudos de caso comprovam que existem muitos homens por aí que não têm a menor ideia do que fazer com um clitóris. Se você está a fim de me comer, mas não conhece o poder do clitóris, você não serve pra nada. Se eu descubro que a pessoa é falocêntrica demais na cama, me levanto, coloco minha roupa e vou embora. Às vezes dou até uma palestrinha sobre a falsa consciência do faloteologocentrismo enquanto estou me vestindo.

As mulheres que exploram a própria sexualidade são estigmatizadas. Puta, galinha, periguete. Vocês sabem do que estou falando. Durante muito tempo acreditei que minhas ideias deveriam vir em primeiro lugar e que todo tipo de relação carnal era pecaminosa. Precisei trabalhar muito para recuperar a conexão entre corpo e consciência. E continuo me esforçando. Mas a qualidade de vida aumenta consideravelmente para quem consegue estabelecer essa conexão.

(!)

Um grupo de rap francês formado apenas por mulheres gravou uma música sobre lamber o clitóris. O YouTube francês baniu o vídeo. Rappers do mundo inteiro fazem músicas para pedir às mulheres que chupem seu pau, mas só aquele vídeo é pornográfico? Por que o clitóris é considerado pornográfico, mas o pênis não é?

O monstro da perfeição obrigatória

Quando era adolescente, percebi que o estilo de comportamento que me agradava passava longe do que é considerado "feminino". Tentei usar salto alto. Tentei durante seis meses, mas toda vez o salto entortava e caía. Eu não conseguia ficar quieta nem manter uma postura tranquila, como convém a uma mocinha. Eu cantava alto e era mais desengonçada que um boneco de posto.

Sinceramente, nunca entendi por que eu deveria imitar o comportamento que era esperado das meninas. Eu não via vantagem. E, se não havia vantagem, por que me forçar a ser daquele jeito? Porque estava na cara que era muito chato andar decorosamente sobre saltos altos segurando uma bolsinha.

Todas as vezes que vejo mulheres de salto alto, meu coração se enche de compaixão e me dá vontade de perguntar se elas querem uma carona. Por outro lado, admiro os homens que andam de salto alto. Mesmo que a tradição não os obrigue a fazer esse esforço, eles optam por andar assim. Gosto de pensar que eles fazem isso em homenagem a todas as mulheres oprimidas ao longa da história.

(!)

A imperfeição pode ser poderosa. Não tente ser perfeita o tempo todo. É muito chato!

O monstro da perfeição obrigatória é muito real. A arte não é a única coisa superproduzida; isso também acontece com os seres humanos. Com pessoas que são adestradas, domesticadas. Para ser sincera, essa gente superproduzida não mexe comigo.

Quando saímos da prisão, compreendemos rapidamente que o poder da normalização não é brincadeira. Quanto mais ativa uma pessoa se torna e quanto mais vociferar, maiores são as forças normalizadoras que incidem sobre ela. Não use meias brancas sob saias pretas (ou vice-versa). Escureça o cabelo. Perca uns quilos. Trabalhe um pouco a sua voz, ela é muito anasalada. Não diga "foda-se" quando você está no palco com Bill Clinton. Seja mais sociável. Por que os russos nunca sorriem? Não dá pra ir de tênis, vá de salto alto. Esse papo me deixou apavorada. Comprei batom, sapatos de salto e até uma chapinha. Mas mesmo assim sentia que nunca era perfeita o bastante. Pra falar a verdade, eu me sentia uma merda. Tentei não falar palavrão no evento do Bill Clinton. Mas, depois de cinco minutos de discurso, é lógico que escapou.

Mas não fui criada no meio do mato para ter medo de coruja.
O momento da verdade aconteceu quando estavam colocando a quinta camada de maquiagem na minha cara no estúdio da CNN. Fiquei pensando que não precisava parecer um defunto nem um manequim de loja para falar sobre política na televisão. Pedi para limparem meu rosto.

Na verdade, até gosto de maquiagem às vezes. E adoraria ver mais homens usando.

Não me importo que digam que sou bonita nem tenho medo de ser. Mas não quero gastar meu tempo ficando bonita. Não é meu rolê.

Estou escrevendo este livro em inglês, e essa experiência me tornou muito mais humilde. Às vezes eu me sinto mal pra caramba: sei o que quero dizer, mas não encontro palavras para expressar. Eu poderia usar um tradutor ou encontrar uma pessoa legal para escrever o livro no meu lugar. O livro talvez ficasse até melhor, mas prefiro o princípio do "faça-você-mesmo". Quando sei que consigo fazer algo por conta própria (teoricamente), então vou lá e faço. Isso enche minha vida de desafios, é verdade. Mas esse é o melhor caminho para não se alienar da própria vida.

Encontro a perfeição nas tentativas, no progresso, nos riscos e, naturalmente, nas falhas. **Eu jamais teria aprendido tanto sobre o governo, o país e as pessoas maravilhosas que vivem nele, eu jamais teria a voz que tenho hoje sem minha prisão, que aparentemente foi o maior fracasso da minha vida.**

(!)

Quando fui solta, estava muito confusa.

Precisei reaprender muitas coisas básicas. Como atravessar a rua, como usar dinheiro, como comprar xampu sem ficar distraída com as milhões de opções nas prateleiras.

Conheci muita gente além dos meus novos amigos. Gente que me ofereceu mil dólares por um ensaio erótico com o Pussy Riot. As pessoas que tentavam nos sacanear presumiam que uma pessoa que acaba de sair da prisão *deve* estar passando por problemas financeiros. A porra da polícia política não largava do meu pé, minhas conversas telefônicas particulares eram postadas no YouTube, e eu era agredida por cossacos e milicianos todos os meses.

Eu também precisei manter a clareza de ideias que encontrei na prisão.

Descobri a beleza simples, incomum e desconhecida de viver entre párias. Aprendi a enxergar a clareza e a honestidade de quem vive nas camadas mais baixas da sociedade, mas que ainda tem a coragem de sorrir. Percebi que existe vida até nos círculos mais profundos do inferno, até nos ambientes que são vergonhosamente escondidos do cidadão comum.

Não havia nada mais deslumbrante do que acompanhar uma criatura linda florescer do solo podre da prisão. Essa é a mais pura manifestação da força irrefreável da vida. Mulheres que se negam a serem subjugadas, mulheres que optam pela alegria, pelo amor, pelo riso. Eu amava a graça com que elas encaravam a luta diária contra a miséria, o desespero e a morte na prisão.

A coisa mais preciosa que alguém pode ter na cadeia é o amor-próprio. Afinal, é tudo que você pode se permitir, já que as detentas não podem ter roupas, alimentos ou dinheiro. Na cadeia você não pode ter facas, escudos ou armas para se proteger. A segurança e a felicidade só podem surgir do amor-próprio. É perigoso perdê-lo e, quando isso acontece, talvez seja impossível se reerguer. É preciso cultivá-lo 24 horas por dia. Ter consistência em seu sistema de crenças, em seu comportamento e em seu caráter também ajuda muito. Não se pode entrar em pânico nem ser incapaz de tomar decisões. Suas ações devem corresponder àquilo que você diz; do contrário, vão dizer que você mente, que é fraca e pode ser atacada e enganada com facilidade.

Nós precisamos passar por um processo de normalização e limpeza quando saímos da cadeia. As pessoas esperavam que disséssemos determinadas coisas, que não tocássemos em certos assuntos. Às vezes eu sentia que a liberdade recém-conquistada estava escapando das minhas mãos.

Em nosso cotidiano, muitas vezes esperamos que alguma coisa vinda do mundo exterior – uma pílula mágica ou um novo par de sapatos – possa nos tornar mais felizes ou mais seguras. Geralmente isso é uma ilusão. Para mim, a chave para a felicidade é a dignidade e o amor-próprio que encontro no trabalho, seja como detenta costurando minha cota de uniformes ou como mulher livre fazendo arte. Foi quase impossível explicar ideias sobre simplicidade e clareza para a maioria das pessoas ao nosso redor depois que fomos soltas.

(!)

Se você tiver sinceridade consigo mesmo, você não abre mão das coisas que aprendeu. Quando o Pussy Riot fez um discurso em Harvard, a polícia prendeu uma pessoa do público por dar sua opinião. Ele dizia que a universidade não deveria trazer figuras públicas que abertamente apoiassem Vladimir Putin, como já havia acontecido em Harvard. Esperavam que aceitássemos aquilo. No entanto, cancelamos nossos eventos e, em vez de ir a um jantar chique, preferimos ir até a delegacia e ficamos lá até que o homem fosse solto. Vocês precisavam ver a cara deles! Mas como poderiam esperar outra coisa de nós? Eles não percebiam como era incoerente estarem chateados por não jantarem conosco, pareciam ter esquecido que jamais teriam motivo para jantarem conosco se, no passado, tivéssemos preferido ir a eventos de gala.

AÇÕES

A revolução é minha namorada

A prisão para mim é doce, não é cativeiro.
Eu não mando cartas para meu marido do lado de fora.
Ele nunca vai saber que amo Maruska Belova.
DINA VIERNY, "Canção do casamento lésbico".

Para ser justa, o tempo em que você se apaixona na prisão não deveria fazer parte de sua sentença, porque a prisão deixa de ser uma punição. Todo mundo sabe disso, então muitas pessoas procuram alguém para amar na cadeia.

A inspiração não aparece de repente, mas você pode juntar suas coisas e sair em busca de descobertas, de aventuras e de tesouros. Se a inspiração chegar, faça jus a ela. Viva como se sua vida pudesse ser um roteiro de cinema.

(!)

Natasha me conta que está a fim de Nina, a sapatão número um da penitenciária. "Então a Nina veio até mim e disse: 'Bora colar velcro?'"

Minha máquina de costura fica em frente à de Natasha, que é falante, esbelta e veloz. Ela é a costureira mais rápida da linha de produção. Todo mundo gosta de tomar banho com Natasha, porque ela é magra, mas tem seios grandes, como os de uma pintura. Todas olham espantadas.

"'Colar velcro'?"

"Colar velcro, pô. Você não sabe o que é? Ela estava me chamando pra trepar no depósito de ferramentas."

"Daora essa sua Nina, aí. E então, você não foi?"

"Não."

"Por que, porra?", pergunto.

(!)

Nina tira dois cigarros do maço, coloca entre os lábios e acende os dois. Ela passa um adiante e fica com o outro. Está usando um xale cinza. Por causa do nariz avantajado, Nina se parece com uma águia quando está usando o xale, que foi presente de uma das suas admiradoras.

Nina está presa há oito anos. Ela era bem jovem quando veio para cá. Na penitenciária, ela virou menino. Talento, disposição e muitos anos nas ruas a fizeram ter jeito de moleque, desses que sobem em árvores. Ela tem o cabelo preto, voz rouca de fumante e cílios longos. Suas pernas são bonitas, ela é alta e gostosa. Para completar, não tem nada de afetação feminina. Pelo contrário, tem aquele desejo agressivo de menino, capaz de conseguir tudo o que quer.

Nina tem um jeito de andar deliberadamente rude, com a cabeça erguida e as pernas bem abertas. Ela usa um lenço na cabeça com as pontas amarradas na frente, como as pessoas do submundo. No estilo da pequena Alyonka, a menina da famosa embalagem do chocolate russo, mas só que para trás, como Jack Sparrow.

Nina usa altas doses de perfume masculino. Perfumes são proibidos na cadeia, porque contêm álcool, mas você pode conseguir um pouco se pagar um dinheirão ou se tiver bons contatos. É mais difícil que comprar drogas do lado de fora da cadeia.

São nove horas da noite e já está escuro nos vilarejos da Mordóvia. As vacas já pararam de mugir, e as carroças pararam de passar com os carregamentos de chucrute.

À nossa frente estão as janelas acesas da oficina mecânica. As detentas são mandadas para lá quando estão sentindo muita falta de contato físico. "Está na hora de você ir para a oficina mecânica", eles dizem. Quatro caras trabalham lá, os quatro são alcoólatras. Para algumas mulheres, a visita à oficina acabou em um parto no hospital da prisão em Barashevo, na Mordóvia.

Não há ninguém no entorno das oficinas de costura; nem uma alma viva. Nessa hora, ninguém deveria estar do lado de fora. Mas nós saímos e estamos caminhando e fumando.

"Por que você abriu a porta para mim?", pergunto para Nina quando saímos da oficina direto para uma nevasca de março.

CONSIDERAÇÕES FINAIS

A esperança vem dos desesperados

A esta altura da história, das duas, uma: ou a população toma o controle de seu próprio destino e passa a se dedicar aos interesses da comunidade, guiada pelos valores da solidariedade, da empatia e da preocupação com o próximo; ou, por outro lado, logo não haverá mais um destino para controlar.
NOAM CHOMSKY, *Manufacturing Consent* [Fabricando permissão].

Vocês não podem comprar a Revolução. Não podem fazer a Revolução. Podem apenas ser a Revolução. Ela está no espírito de vocês ou em nenhum outro lugar.
URSULA K. LE GUIN, *Os despossuídos*.

O risco nunca foi tão grande. Podemos destruir a nós mesmos e ao planeta. Para que isso não aconteça, precisamos de um pensamento que vá além das fronteirais atuais. É preciso questionar o *status quo*. Precisamos ter imaginação política.

guém quer comer e, por isso, desejam matar todos os homens, blá-blá-blá. Eles disseram a Bernie Sanders que ele não deveria dizer que é socialista, porque no interior dos Estados Unidos as pessoas têm pavor dessa palavra. Ainda assim, mesmo depois de décadas de propaganda anticomunista, os americanos estavam dispostos a votar em um socialista. Continue fazendo as coisas do seu jeito e deixe que o mundo mude de opinião a seu respeito. Se você não tiver orgulho de quem é, ninguém vai ter.

EU APRENDI: QUE NÃO ESTOU PRESA À IDEIA DE QUE NINGUÉM SE IMPORTA COM O QUE EU FAÇO.

Livre-se do complexo de messias. É impossível resolver todos os problemas do mundo por conta própria. Se você acha isso possível, deve ser o Trump. Suas ações são uma parte importante de uma reação em cadeia global, ou seja, elas precisam existir. Em outras palavras: pense localmente, aja globalmente.

EU APRENDI: A REJEITAR O *GASLIGHTING* POLÍTICO.

Especialistas, revistas de economia, *think tanks*, universidades de elite, parlamentares, Putin, todos eles fazem *gaslighting* político, ou seja, tentam manipular nosso pensamento e nos convencer de que estamos errados. Eles dizem que tudo vai bem e que estamos inventando problemas. Eles querem que você ache que não tem formação, que não sabe o suficiente para ter uma opinião e agir de acordo. Mas quem sabe mais sobre a qualidade de vida do povo do que o próprio povo?

EU APRENDI: A ME FAZER DE TROUXA.

Como Bernie Sanders diz, se eu não fosse trouxa, teria abandonado minha atividade política há muito tempo. Porque "não tem jeito, você nunca vai mudar as coisas", como costumam dizer. Mas, como eu sou trouxa, continuo agindo.

(!)

Todas as regras, inclusive as que estão nestas páginas, podem (e talvez devam) ser jogadas no lixo. Essas regras devem ser tratadas como mais uma oração punk do Pussy Riot, uma reza que fiz na esperança de me abrir para um milagre; uma tentativa (falha) de iniciar a revolução. **Interpretações muito rígidas de qualquer regra ou conselho destroem o espírito da liberdade, e essa é a última coisa de que precisamos.** Acredito que devemos seguir o que Ludwig Wittgenstein escreveu ao final do *Tractatus Logico-Philosophicus*:

> Minhas proposições se elucidam do seguinte modo: quem me entende, por fim as reconhecerá como absurdas, quando graças a elas – por elas – tiver escalado para além delas. (É preciso por assim dizer jogar fora a escada depois de ter subido por ela.) Deve-se vencer essas proposições para ver o mundo corretamente.

Wittgenstein reconhece que suas proposições estão incorretas, em algum grau, mas ainda assim podem ser úteis. Concordo com esse princípio para qualquer conjunto de regras.

Não importa como você realize seus atos de desobediência civil – protestos, ocupações, música, roubo ou libertar animais presos em zoológicos – **vá em frente, destrua os pilares da submissão.**

E saiba de uma coisa: se todo mundo que tuíta contra Donald Trump ocupasse as ruas e se recusasse a sair, ele deixaria a presidência em uma semana. Os impotentes *têm poder*.

RESPOSTAS DAS PÁGINAS 68 E 69

Your body is a battleground
[Seu corpo é um campo de batalha],
de Barbara Kruger

I shop therefore I am
[Compro, logo existo],
de Barbara Kruger

Music is my hot hot sex
[Música é minha foda],
de Cansei de Ser Sexy

POSFÁCIO POR OLIVIA WILDE

Quando fui convidada para interpretar Julia na adaptação para os palcos de *1984*, de George Orwell, eu não sabia ao certo como fazer uma personagem que, para mim, sempre pareceu ser uma periguete frívola, sem qualquer comprometimento com a revolução. Ela queria trepar, beber café e comer chocolate o tempo todo, o que eu ingenuamente via como um sinal de que não era tão corajosa quanto Winston e seu trágico sacrifício. Naturalmente, quando mergulhei no material e comecei a apreciar a profundidade da rebelião de Julia, entendi o quanto havia me enganado. Também entendi quem seria minha principal inspiração para o papel: Nadya Tolokonnikova. Foi assim que Julia desabrochou para mim.

Nadya encarna o espírito da rebeldia em cada fibra de seu corpo. A revolução não é uma ação, é uma condição do ser. Durante 141 minutos todas as noites, oito vezes por semana, eu assumia essa forma de existir. Saber que é possível viver com esse grau de independência é empolgante. Essa vida é uma escolha. O que aconteceria se todos escolhêssemos esse caminho?

Pussy Riot, essa obra de arte viva e revolucionária, é um exemplo da completa rejeição do controle. Elas injetaram vida, humor, cor e alegria na luta pela liberdade. Nas palavras de Arundhati Roy em *War Talk* [Falas da guerra]:

> Nossa estratégia não deveria ser apenas confrontar o império, mas sitiá-lo; impedir que receba oxigênio; envergonhá-lo; ridicularizá-lo. Com nossa arte, nossa música, nossa literatura, nossa teimosia, nossa alegria, nosso brilho, nossa força implacável – e nossa capacidade de contar histórias. Histórias diferentes daquelas que a lavagem cerebral nos levou a acreditar.

Nos esquecemos de nossa capacidade de moldar a realidade. Assim como Orwell profetizou, quando entregamos o controle de nossa consciência, permitimos que nos tornássemos nossos próprios opressores.

Talvez a coisa mais poderosa que possamos fazer é *continuar existindo*. Não permitir que sejamos derrotados, despersonificados, entregues à apatia e ao desespero. Howard Zinn escolhe melhores palavras em "The Optimism of Uncertainty" [O otimismo da incerteza], ao dizer:

> Aquilo que escolhermos enfatizar nesta história complexa irá determinar nossa vida. Se olharmos apenas para o pior, isso irá destruir nossa capacidade de agir. [...] O futuro é uma sucessão infinita de presentes, e viver agora da maneira como acreditamos que os seres humanos deveriam viver, resistir a todas as coisas ruins que nos cercam, é por si só uma vitória maravilhosa.

A resistência como ato de otimismo. Não podemos desistir de nossa capacidade de criar a narrativa, não importa o que façam com a gente.

Depois de seis meses interpretando Julia na Broadway, finalmente pude conhecer Nadya quando ela veio assistir à peça. Naquela noite, senti sua presença no público e aquilo trouxe uma energia que me levou às lágrimas. Eu senti que, de repente, minha Julia não estava só, especialmente quando falei: "Estou viva, sou real, eu existo agora. Nós derrotamos o Partido com atos de desobediência minúsculos e secretos. Com a alegria secreta". Eu sabia que Nadya entenderia. E, finalmente, também entendi.

INDICAÇÕES DE LEITURA PUSSY RIOT

ALEXANDER, Samuel; Ted TRAINER & Simon USSHER. *The Simpler Way: A Practical Action Plan for Living More on Less.* Simplicity Institute Report, 2012. Disponível em: <http://simplicityinstitute.org/wp-content/uploads/2011/04/The-Simpler-Way-Report-12a.pdf > Acesso em 12/03/2019.

ALINSKY, SAUL. *Reveille for Radicals.* Nova York: Random House, 1969.

_____. *Rules for Radicals: A Practical Primer for Realistic Radicals.* Nova York: Random House, 1971.

BARBER, Stephen (ed). *Pasolini: The Massacre Game: Terminal Film, Text, Words, 1974-75.* Nova York: Sun Vision Press, 2013.

BARTHES, Roland. *Mitologias* [1957], trad. Rita Buongermino, Pedro de Souza, Rejane Janowitzer. Rio de Janeiro: Difel, 2002.

BERRIGAN, Daniel. *The Nightmare of God: The Book of Revelation.* Eugene: Wipf and Stock, 2009.

BLACK, Bob. *The Abolition of Work and Other Essays*. Port Townsend: Loompanics, 1986.

BRETON, André. *Manifestos do surrealismo* [1924], trad. Luiz Forbes. São Paulo: Brasiliense, 1985.

BUKOVSKY, Vladimir. *To Build a Castle: My Life as a Dissenter*. Nova York: Viking, 1979.

BUTLER, Judith. *Problemas de gênero: Feminismo e subversão da identidade* [1990], trad. Renato Aguiar. São Paulo: Civilização Brasileira, 2003.

_____. *On the Discursive Limits of "Sex"*. Nova York: Routledge, 1993.

_____. *Precarious Life: The Powers of Mourning and Violence*. Nova York: Verso, 2004.

CHOMSKY, Noam. "Americanism". Disponível em <https://www.youtube.com/watch?v=8basvBeZEL0.> Acesso em 15/03/2019.

_____ & Anthony ARNOVE (ed). *The Essential Chomsky*. Nova York: New Press, 2008.

_____. *Language and Politics*. Nova York: Black Rose Books, 1988.

CONE, James H. *Black Theology and Black Power*. Nova York: Harper & Row, 1969.

_____. *A Black Theology of Liberation*. Filadélfia: J. B. Lippincott, 1970.

_____. *The Cross and the Lynching Tree*. Maryknoll: Orbis Books, 2011.

_____. *God of the Oppressed*. Maryknoll: Orbis Books, 1997.

DAVIS, Angela. *Uma autobiografia* [1974], trad. Heci Regina Candiani. São Paulo: Boitempo, 2019.

_____. *Estarão as prisões obsoletas?* [2003], trad. Mariana Vargas. Rio de Janeiro: Bertrand Brasil, 2018.

_____. *A liberdade é uma luta constante* [2015], trad. Heci Regina Candiani. São Paulo: Boitempo, 2018.

_____. *Mulheres, raça e classe* [1981], trad. Heci Regina Candiani. São Paulo: Boitempo, 2016.

DEBS, Eugene V. *Labor and Freedom*. St. Louis: Phil Wagner, 1916.

_____. *Walls and Bars*. Chicago: Socialist Party of America, 1927.

DE KOONING, Elaine. *The Spirit of Abstract Expressionism: Selected Writings*. Nova York: George Braziller, 1994.

DICKERMAN, Leah. *Dada*. Washington, DC: National Gallery of Art, 2005.

DIOGENES LAERTIUS. *Vidas e doutrinas de filosófos ilustres* [1925], trad. Mário da Gama Cury. Brasília: Editora da UnB, 1997.

DOSTOIÉVSKI, Fiódor. *O idiota* [1869], trad. Paulo Bezerra. São Paulo: Editora 34, 2002.

_____. *Letters and Reminiscences*. Nova York: Alfred A. Knopf, 1923.

_____. *Recordações da casa dos mortos* [1862], trad. Nelson dos Reis, Nicolau S. Peticov. São Paulo: Nova Alexandria, 2008.

DWORKIN, Andrea. *Heartbreak: The Political Memoir of a Feminist Militant*. Nova York: Basic Books, 2002.

_____. *Intercourse*. Nova York: Basic Books, 2008.

_____. *Life and Death*. Nova York: Free Press, 1997.

EINSTEIN, Albert. *Ideas and Opinions*. Nova York: Crown, 1954.

FANON, Frantz. *Pele negra, máscaras brancas* [1952], trad. Renato da Silveira. Salvador: Editora da UFBA, 2008.

_____. *Os condenados da terra* [1961], trad. Enilce Obergaria Rocha. Juiz de Fora: Editora da UFJF, 2006.

FIGNER, Vera. *Memoires of a Revolutionist*. DeKalb: Northern Illinois University Press, 1991.

FIRESTONE, Shulamith. *The Dialectic of Sex: The Case for Feminist Revolution*. Nova York: William Morrow, 1970.

FOUCAULT, Michel. *Vigiar e punir: Nascimento da prisão* [1975], 42ª ed., trad. Raquel Ramalhete. Petrópolis: Vozes, 2014.

_____. *História da loucura* [1961], 11ª ed., trad. José Teixeira Coelho Neto. São Paulo: Perspectiva, 2017.

_____. *Madness and Civilization: A History of Insanity in the Age of Reason*. Nova York: Random House, 1965.

FRIEDAN, Betty. *A mística feminina* [1963], trad. Áurea B. Weissenberg. Petropólis: Vozes, 1971.

_____. *The Second Stage*. Nova York: Simon and Schuster, 1981.

FROMM, Erich. *The Art of Being*. Nova York: Continuum, 1993.

_____. *The Sane Society*. Nova York: Holt, Reinhart & Winston, 1955.

_____. *A arte de amar* [1956], trad. Eduardo Brandão. São Paulo: Martins Fontes, 2000.

GOLDMAN, Emma. *Anarchism and Other Essays*. Nova York: Mother Earth, 1910.

_____. *Prisons: A Social Crime and Failure*. Ashland: Library of Alexandria, 2009 [versão para Kindle].

GORBANEVSKAYA, Natalya. *Red Square at Noon*. Nova York: Holt, Reinhart & Winston, 1971.

HAVEL, Václav. *The Power of the Powerless: Citizens against the State in Eastern Europe*. Nova York: M. E. Sharpe, 1985.

_____. *Open Letters: Selected Writings, 1965-1990*. Nova York: Alfred A. Knopf, 1991.

HEDGES, Chris. *American Fascists: The Christian Right and the War on America*. Nova York: Free Press, 2006.

_____. *Empire of Illusion: The End of Literacy and the Triumph of Spectacle*. Nova York: Nation Books, 2009.

_____. *Wages of Rebellion*. Nova York: Nation Books, 2015.

_____. *War Is a Force that Gives Us Meaning*. Nova York: PublicAffairs, 2002.

_____ & Joe SACCO. *Days of Destruction, Days of Revolt*. Nova York: Nation Books, 2012.

HOOKS, bell. *Ain't I a Woman: Black Women and Feminism*. Boston: South End Press, 1981.
_____. *All about Love: New Visions*. Nova York: William Morrow, 2000.
_____. *O feminismo é para todo mundo: Políticas arrebatadoras* [2000], trad. Ana Luiza Libânio. Rio de Janeiro: Rosa dos Tempos, 2018.
_____. *Feminist Theory: From Margin to Center*. Boston: South End Press, 1984.
_____. *Soul Sister: Women, Friendship, and Fulfillment*. Boston: South End Press, 2006.
_____. *Erguer a voz: Pensar como feminista, pensar como negra* [1989], trad. Catia Maringolo. São Paulo: Elefante, 2019.
_____. *We Real Cool: Black Men and Masculinity*. Nova York: Routledge, 2004.
_____. *Where We Stand: Class Matters*. Nova York: Routledge, 2000.
_____ & Cornel WEST. *Breaking Bread: Insurgent Black Intellectual Life*. Boston: South End Books, 1991.
HUGO, Victor. *Os miseráveis* [1862], trad. Frederico Ozanam Pessoa de Barros. São Paulo: Companhia das Letras, 2017.
_____. *O noventa e três* [1874]. São Paulo: Clube do Livro, 1945.
ILLICH, Ivan. *Limits to Medicine: Medical Nemesis, The Expropriation of Health*. Londres: Marion Boyars, 1976.
KAMINSKAYA, Dina. *Final Judgement: My Life as a Soviet Defense Attorney*. Nova York: Simon & Schuster, 1982.
KANT, Immanuel. *Antropologia de um ponto de vista pragmático* [1785], trad. Clélia Aparecida Martins. São Paulo: Iluminuras, 2006.
KESEY, Ken. *Um estranho no ninho* [1962], 11ª ed., trad. Ana Lucia Deiro. Rio de Janeiro: Record, 2009.

KING, Martin Luther Jr. & Clayborne CARLSON (org.). *A autobiografia de Martin Luther King* (1998), trad. Carlos Alberto Medeiros. Rio de Janeiro: Zahar, 2014.

KOLLONTAI, Alexandra. *Selected Writings*. Nova York: Norton, 1980.

KROPOTKIN, Peter. *Kropotkin's Revolutionary Pamphlets*. Nova York: Vanguard Press, 1927.

LAING, Ronald. D. *The Divided Self*. Nova York: Pantheon Books, 1962.

_____. *Laços* (1970), trad. Mário Pontes. Petropólis: Vozes, 1977.

_____. *The Politics of Experience*. Nova York: Pantheon Books, 1968.

LE GUIN, Ursula. *Os despossuídos* [1974], trad. Susana Alexandria. São Paulo: Aleph, 2017.

_____. *Hope against Hope*. Nova York: Atheneum, 1970.

MAIAKÓVSKI, Vladimir. *O percevejo* [1929], trad. Luis Antônio Martinez Correa. São Paulo: Editora 34, 2009.

MARCUSE, Herbert. *The Aesthetic Dimension: Toward a Critique of Marxist Aesthetics*. Boston: Beacon Press, 1978.

MANDELSTAM, Nadezhda. *Hope Abandoned*. Nova York: Atheneum, 1974.

MILLER, Henry. *The World of Sex*. Londres: Penguin, 2015.

ORWELL, George. *A revolução dos bichos* [1945], trad. Heitor Aquino Ferreira. São Paulo: Companhia das Letras, 2007.

_____. *1984* [1949], trad. Alexandre Hubner, Heloisa Jahn. São Paulo: Companhia das Letras, 2009.

PAINE, Thomas. *Direitos do homem* [1791], trad. Edson Bini. São Paulo: Edipro, 2000.

PANKHURST, Emmeline. *My Own Story*. Nova York: Hearst International Library, 1914.

PLUTARCO. *Vidas paralelas*, vol. 1. São Paulo, Palmape, 1995.

PROUDHON, Pierre-Joseph. *General Idea of the Revolution in the Nineteenth Century*. Honolulu: University Press of the Pacific, 2004.

RICHTER, Hans. *Dadá: Arte e antiarte* [1964], trad. Marion Fleischer. São Paulo: Martins Fontes, 1993.

RORTY, Richard. *Achieving our Country: Leftist Thought in Twentieth-Century America*. Cambridge: Harvard University Press, 1998.

_____. *Contingência, ironia e solidariedade* [1989], trad. Vera Ribeiro. São Paulo: Martins Fontes, 2007.

_____. *A filosofia e o espelho da natureza* [1979], trad. Antonio Transito. Rio de Janeiro: Relume-Dumará, 1994.

SANDERS, Bernie. *Bernie Sanders Guide to Political Revolution*. Nova York: Henry Holt, 2017.

SAMÓSATA, Luciano de. *Diálogo dos mortos*, 3ª ed., trad. Henrique Murachco. São Paulo: Palas Athena, 2008.

_____. "How the Media Iced Out Bernie Sanders & Helped Donald Trump Win". Disponível em: <https://www.democracynow.org/2016/12/1/how_the_media_iced_out_bernie>. Acesso em 16/03/2019.

_____. *Our Revolution*. Nova York: Thomas Dunne, 2016.

SLOTERDIJK, Peter. *Crítica da razão cínica* [1983], trad. Marco Casanova. São Paulo: Estação Liberdade, 2012.

SNYDER, Timothy. *Sobre a tirania: Vinte lições do século XX para o presente* [2017], trad. Donaldson M. Garschagen. São Paulo: Companhia das Letras, 2017.

SOLJENÍTSIN, Aleksandr. *Arquipélago gulag* [1973], trad. A. Ferreira, Maria M. Llisto, José A. Seabra. São Paulo: Círculo do Livro, 1976.

STIGLITZ, Joseph E. *The Price of Inequality: How Today's Divided Society Endangers Our Future*. Nova York: W. W. Norton, 2012.

STREECK, Wolfgang. *How Will Capitalism End? Essays on a Failing System*. Nova York: Verso, 2016.

TILLICH, Paul. *A coragem de ser* [1952], trad. Eglê Malheiros. Rio de Janeiro: Paz e Terra, 1972.

_____. *Dinâmica da fé* [1957], 3ª ed., trad. Walter O. Schlupp. São Leopoldo: Sinodal, 1985.

_____. *The Shaking of the Foundations*. Nova York: Charles Scribner's Sons, 1948.

TZARA, Tristan. *On Feeble Love and Bitter Love: Dada Manifesto*. San Francisco: Molotov Editions, 2017.

_____. *Seven Dada Manifestos and Lampisteries*. Richmond: Alma Books, 2013.

VERHAEGHE, Paul. *What About Me? The Struggle for Identity in a Market-Based Society*. Melbourne: Scribe, 2014.

VILLON, François. *Poesia de François Villon* [1965], trad. Sebastião Uchôa Leite. São Paulo: Edusp, 2000.

WEST, Cornel. *The Cornel West Reader*. Nova York: Basic Books, 1999.

_____. *Democracy Matters*. Nova York: Penguin, 2004.

_____. *Questão de raça* [1993], trad. Laura Teixeira Motta. São Paulo: Companhia das Letras, 1994.

WILDE, Oscar. *The Ballad of Reading Gaol*. Leonard Smithers, 1898.

WITTGENSTEIN, Ludwig. *Tractatus Logico-Philosophicus* [1921], 3ª ed., trad. Luiz Henrique Lopes dos Santos. São Paulo: Edusp, 2017.

ZINN, Howard. *A People's History of the United States*. Nova York: Harper & Row, 1980.

_____. *Você não pode ser neutro num trem em movimento* [1994], trad. Nils Skare. Curitiba: L-Dopa, 2005.

SOBRE A AUTORA

Nadezhda Andreyevna Tolokonnikova, conhecida como Nadya Tolokonnikova, nasceu em Norilsk, em 1989. Estudou filosofia na Universidade de Moscou e atua hoje como artista visual e ativista. Em 2007, se uniu temporariamente ao coletivo Voina, no qual realizou algumas performances artísticas memoráveis. Em 2011, fundou a banda punk feminista Pussy Riot, cuja apresentação mais polêmica se deu em 2012, com uma música crítica ao presidente da Rússia Vladimir Putin, performada na Catedral de Cristo Salvador, em Moscou. Isso desencadeou no encarceramento de Nadya e Maria Alyokhina, outra participante da banda, por quase dois anos. Durante seu tempo na prisão, Tolokonnikova realizou uma greve de fome para protestar contra as condições de vida às quais os prisioneiros eram submetidos. Em 2012, recebeu o LennonOno Grant for Peace. Em 2013, Putin concedeu anistia política a Nadya. Após sua liberação, fundou a Zona Prava, uma ONG voltada ao auxílio legal de prisioneiros. E, em 2014, ela e Alyokhina criaram um website chamado MediaZona, que gera conteúdo relacionado às leis, ao sistema penal e ao poder judiciário da Rússia e é agora produzido em parceria com o *The Guardian*. No mesmo ano, Tolokonnikova recebeu o Hannah Arendt Prize for Political Thought.

© Ubu Editora, 2019
© Nadya Tolokonnikova, 2018
Read & Riot: A Pussy Riot Guide to Activism.

IMAGEM DA CAPA Masha Zakharova

COORDENAÇÃO EDITORIAL Florencia Ferrari
ASSISTENTES EDITORIAIS Isabela Sanches e Júlia Knaipp
PREPARAÇÃO Fabiana Medina
REVISÃO Rita de Cássia Sam
DESIGN Livia Takemura
PRODUÇÃO GRÁFICA Marina Ambrasas

Nesta edição, respeitou-se o novo Acordo Ortográfico da Língua Portuguesa.

1ª reimpressão, 2020.

Dados Internacionais de Catalogação na Publicação (CIP)
Elaborado por Odilio Hilario Moreira Junior – CRB-8/9949

T653p Tolokonnikova, Nadya [1989-]
Um guia Pussy Riot para o ativismo / Título original:
Read & Riot: A Pussy Riot Guide to Activism / Nadya
Tolokonnikova; traduzido por Jamille Pinheiro Dias e
Breno Longhi. – São Paulo: Ubu Editora, 2019.
288 pp.; 10 ils. ISBN 978 85 7126 024 5

1. Biografia 2. Feminismo 3. Ativismo 4. Ativismo po-
lítico. 5. Ativismo social 6. Resistência política I. Dias,
Jamille Pinheiro II. Título
CDD 920   CDU 929

Índice para catálogo sistemático:
Biografia 920 / Biografia 929

UBU EDITORA
Largo do Arouche 161 sobreloja 2
01219 011 São Paulo SP
ubueditora.com.br
[11] 3331 2275
▉ ◎ /ubueditora

FONTES Edita e Separat
PAPEL Pólen soft 80 g/m²
IMPRESSÃO Maistype